正泰纪事

（1984—1991）

正泰文库编委会　编著

浙江工商大学出版社
ZHEJIANG GONGSHANG UNIVERSITY PRESS

·杭州·

图书在版编目（CIP）数据

　　正泰纪事：1984—1991 / 正泰文库编委会编著 . —
杭州 ：浙江工商大学出版社，2020.7
　　ISBN 978-7-5178-3891-3

　　Ⅰ．①正… Ⅱ．①正… Ⅲ．①新能源－能源工业－工
业企业－企业史－温州－1984－1991 Ⅳ．① F426.2

　　中国版本图书馆 CIP 数据核字 (2020) 第 094456 号

正泰纪事（1984—1991）
ZHENGTAI JISHI（1984—1991）
正泰文库编委会 编著

责任编辑	谭娟娟
封面设计	王　辉
责任印制	包建辉
出版发行	浙江工商大学出版社
	（杭州市教工路 198 号　邮政编码 310012）
	（E-mail：zjgsupress@163.com）
	（网址：http://www.zjgsupress.com）
	电话：0571-88904980，88831806（传真）
排　　版	杭州彩地电脑图文有限公司
印　　刷	杭州高腾印务有限公司
开　　本	710 mm×1000 mm　1/16
印　　张	10.5
字　　数	103 千
版 印 次	2020 年 7 月第 1 版　2020 年 7 月第 1 次印刷
书　　号	ISBN 978-7-5178-3891-3
定　　价	58.00 元

版权所有　翻印必究　印装差错　负责调换
浙江工商大学出版社营销部邮购电话　0571-88904970

不忘初心，方得始终

饮水思源，砥砺前行

正泰集团的传奇故事

从 1984 年的"乐清县求精开关厂"开始

让我们一起重温

那段风云激荡的日子……

正泰文化的生动注脚

南存辉

1984年中央一号文件鼓励发展乡镇企业，几位伙伴乘着改革开放的春风，在一间20平方米的厂房里，创办了正泰集团的前身"乐清县求精开关厂"。

正泰人创业创新的故事，便从这里发端。

办厂初期，我们赴上海请专家，建试验站，申领许可证，率先打出精益求精、质量兴业的旗号；扩张期，我们把握政府的利好政策，建中美合资公司，整合关联企业，迈上集团化经营之路；走上一定规模后，我们不失时机地推行股份制改造，顺应经济全球化和新技术革命趋势，依靠创新驱动、转型升级，激发企业国际化扩张、可持续发展的活力，终成业内叫得响的品牌。

从低压电器到中高压输配电，从元器件到成套系统解决方案，从工业电力设备到光伏新能源，正泰已形成"发电、储电、输电、变电、配电、用电"的全产业链。今天的正泰，正围绕智能电气、绿色能源、智能家居、工控与自动化等几大板块，不断延伸产业链，加大智能制造产业化力度，强化"一云两网"建设，深度推进数字化转型，全力打造高质量的平台型企业。

正泰的发展是时代变迁的缩影，离不开改革开放的大好机遇。我个人也像无数民营企业家一样，走过了由创业图存到创新求变的历程，一直在学习和成长。可以说，我所拥有的一切都是这个时代赋予的。我始终认为，是改革开放成就了正泰，是各级党委、政府及社会各界的关心和支持成就了正泰，是来自四面八方的正泰员工共同托起了正泰。

回望来时路，我们充满敬畏和感恩：正泰有太多的人和事让我难以忘怀，一张张熟悉的面孔、一串串鲜活的事件常常涌现于我的脑海。几年前，公司曾精选部分先进人物的事迹，以《功勋：正泰创业三十年人物谱》一书为他们"树碑立传"，铭记他们对正泰的贡献。除了他们，还有许多和我一起创业数十年的投资人和公司高管，他们也充分彰显了正泰人的力量和精神，价值追求和责任担当。他们，同样值得铭记。

千里之行，始于足下。正泰和众多民营企业一样，都是改革开放的见证者和受益者，也是探索者和实践者。历史是人民创造的，人的创造需要依托物和事，需要依托组织和制度。正所谓"没有伟大的企业，只有时代的企业"，作为民营企业的典型代表，正泰一步一步走来，获得了很多荣誉，这是社会各界对我们的认可和鼓励。正泰厚实稳健、锐意进取的创业史，也折射了新时期中国的时代精神和经济律动。此次，公司文史编研部门投入精力，编撰多卷本史志书《正泰纪事》，首次完整呈现公司发展的历史，系统梳理其中的成败得失、经验教训，这既是我们对企业精神的尊重和交代，也有助于传承正泰的企业文化，提升正泰的公众形象，对后来者更是一种重要的激励。

2020庚子年新春，一场新冠疫情突发肆虐，波及全球，给各行各业带来程度不同的挑战，深刻影响产业未来和竞争格局。可以想见，未来的道路注定不会一帆风顺，但我坚信，中国经济长期向好的趋势不会改变，中国转向高质量发展的基本趋势不会改变。我们要保持战略定力，加大创新驱动，主动应对问题和挑战，摆脱传统路径依赖，危中寻机，化危为机。

百年基业，贵在坚守。以史为镜，可知兴替。

我们相信，《正泰纪事》一定会成为我们传承正泰文化，发扬正泰精神，战胜艰难险阻，走向辉煌明天的生动注脚！

是为序。

（本序作者为全国政协常委、全国工商联副主席、正泰集团董事长）

岁月同天

戈悟觉

1995 年正月初五，立春日。我记得这一天，这是我人生的重要日子。下午接到南存辉董事长电话，他晚上要来我家。这晚刚好有个饭局，我说明天吧。南董说："迟一点也可以，你说个时间。"我说："9 点吧。"

这完全是个偶然。人生就是一个个偶然。

正月初三，表弟陈景云来家拜年。表弟的企业挂靠在正泰，表弟说正泰老板年轻有为，胸怀大志，我和他一定有共同语言。我是在一个多月以前调来温州工作的。作为作家和资深记者，我采写过国内众多企业家。我说"好啊"，不过没有约定哪一天。

这天下大雨，春天少有的大雨。我在宴席上提前退场，8：30 到家，只见家门口路灯下站着两个人，打着雨伞。是南董和他公司的办公室主任吴炎，他俩浑身都淋湿了。他俩的诚意和南董求贤若渴的态度让我很感动。

这时，我在他们的眼里只是一个文化符号。他们不认识我，也未必看过我的作品，也不在乎我的诸多虚名。他们尊重的是这个符号，文化符号。

我们夜谈两个多小时。临别，我问南董："你的人生目标是什么？"

南董不假思索："世界型企业家。"

我深以为然："好！"

我大学毕业拒绝留京自愿去大西北，在宁夏工作 35 年，其中报社 23 年，文联 12 年，57 岁调回家乡工作。文学的作用在 20 世纪 80 年代被夸大了，我立志从事教育。作为《人民日报》特约作家，我访问过一位著名的日本企业家。他说中国经济建设中重要的不是技术，技术可以引进、购买，重要的是企业家的成长。振聋发聩。温州此时正红火，企业如雨后春笋，我希望与这些企业家交流，"把文章写在大地上"。眼前就站着他。当晚我就决定了，写一篇关于他的报告文学；题目也在心中闪现——生命的质量。企业的追求便是他的人生追求，产品的质量便是他的生命质量。

我在柳市采访写作时又遇到一件事。

南董在乐清参加人代会。会后他到柳市宾馆，说不好意思，这么晚了还找我。当时正泰遭受同行企业不公平对待，被对手用下作的手段攻击污蔑，正泰人群情激愤，同仇敌忾。我说志存高远的人不屑一时一事的胜负，要与世界比高低。敏事慎言的南董即刻领悟。凌晨 4：30 他给吴炎打电话：上午 8 点集中干部开会，统一认识。做强自己是最大的战斗力，只有这样才能让自己成为永远的胜利者。我看到他身上的果断和睿智。一个人淬火成钢。

《生命的质量》发表在新华社刊物《瞭望》上。他们打破不刊登民营企业家事迹和不发表报告文学的两个惯例。在此之后，此文又被多家报刊转发，并被评为《瞭望》"十年好稿"。

1996年初，我创办温州东方道德文化学会，南董当选为副会长。他为学会提供活动赞助。企业正在迅速发展，他很忙，但他对传统优秀文化的学习和关注依旧，于是有了1997年的创举。

那年春夏之交，南董来我家，说到我为正泰和他做了一些事，问该怎么报答我。我不要酬劳，建议他出资出版一套反映温州历史文化的丛书。这是清末以来温州几代学者的夙愿，也是温州为世人所瞩目，成为民营经济发源地的文化动因。南董敬文爱乡，我们一拍即合。他问需要多少经费，我出书没花过钱，当时学术书籍的出版费为一种2.5万元左右，这是基于当时温州师范学院周梦江教授出版《叶适年谱》给出的参考数。我说出书是知识者的劳动付出，还应该给稿费。这在当时是奢望。南董说："当然。"我们估算总共是30万元。在当年这是一笔巨款。南董痛快地答应。

"只有一个条件。"

"你说。"

"你任主编。"

我17岁离开温州，上的是北京大学中文系，毕业后一直在外地工作，对温州并不熟悉。我在中学语文老师胡雪冈先生的协助下，聚集和团结了温州 100 多位专家学者，用近 2 年时间编纂了这套丛书。我们边学边干，宵衣旰食，朝乾夕惕。

南董义不容辞地担任了名誉主编。他总是鼓励大家，几次和编委座谈。

"瓯越文化丛书"是温州有史以来第一部系统地介绍、研究、评述温州历史、人物和文化的大型丛书，共 12 册，凡 230 万字。这套丛书被温州市政府指定为赠送来访的省级以上领导的唯一礼物，也是我市各级领导的案头书。没有花公家一分钱。南董为 3 次再版又增资 20 万元。

一位国家领导捧着这套书说："谁说温州人只会赚钱没文化？你来端端看，有多重。"

这是南董闪光的生命质量。

跨入新世纪，南董在企业与文化结缘上迈出具有全国影响力的新步伐。2001 年，南董与中国报告文学学会发起并举办了全国报告文学大奖赛。南董在会上说："举办中国报告文学'正泰杯'大奖赛，是我们回报社会的文化情意和献给文学事业的一份菲薄礼物。"

中国报告文学学会直属中国作家协会，横向联系全国报刊媒体。第一任会长为文化部副部长、中国文联党组副书记陈荒煤，中国文联副主席、中国作协副主席张锲为第二任会长。"正泰杯"全国报告文学大奖赛从 2001—2008 年先后举办 5 届。历届颁奖会都有国家领导人参加，有新华社、《人民日报》等 20 多家媒体参与报道，有较大的影响力。新时代需要这种贴近现实、贴近群众，充满活力、张力、冲击力的文学体裁。第5届大奖赛特别开辟"我与奥运"全国规模的征文活动。颁奖会上，国际奥委会原副主席、中国奥委会原主席何振梁先生说："古代奥运会是哲学、艺术和文学催生的，现代奥运会之父顾拜旦就是教育学家、历史学家，但当今以文学方式参与，全世界恐怕只有正泰和南存辉先生。"

这是正泰和南董的人文情怀和时代担当。在全国企业家群体中，南董一枝独秀，无出其右。我时任中国报告文学学会副会长，有深切体会。

"科技越发展，越需要人文精神。"人类历史一再证实这句话。南董把企业做大、做强的同时，没有忽略人文价值。这是两座高山。近年来，他更多地向员工讲企业的使命，讲人生的意义。这是他生命质量的升华。正泰追求的不是利润最大化，它的目标是奉献最大化。

我和南董相识、相处、相知已有四分之一个世纪。我们是明心见性的朋友，是坦诚相托的朋友。朋友无须多。清代何瓦琴的集句"人生得一知己足矣，斯世当以同怀视之"，我时时想起。我和南董的交往，时疏时密：疏时几个月不通音信，密时一月10多次来访。疏密两由之，不介意。

多年前的一天，他突然打来电话：盛大晚宴，一桌30人。他说，平日忙于工作，旧友生疏了。来的都是当年一起拼搏、一起长大的，有的甚至是对手或彼此伤害过的人。那天他挨次一个一个敬酒。

南董酒量大，我俩原来都是一瓶茅台的量，后来为健康不多喝了。这天他大有一醉方休的决心。散场，微醺。他还要来我家喝，花生米、豆腐干下酒。

真乃醉翁之意不在酒。

这天我看到了精明干练、勇往直前的南董的另一面——性情中人，重情重义。

我问："你今天怎么啦？有什么特殊原因吗？"

他说："没有。正常。就想这样。"

那么，这是岁月沧桑生发的感慨了。

时间如流水逝去。我们在岸上。

岸上有路，路上有里程碑；有山，山将在我们脚下。

我已83岁。当年令人惊羡的年轻的南董，也已步入中年。岁月无悔。我们走过来了，一条路，一颗同理心，向着一个目标，在同一片天空下。前面还有更远的里程碑需要刻写数字，前面还有更高的山等待攀登。高山是用来征服的。

借《正泰纪事》出版之机，祝福正泰，祝福南存辉。

（代序作者系国家一级作家、教授、文化学者，享受国务院特殊津贴专家，正泰集团高级顾问）

第一章　**缘起：创业前奏**

第二章　**建置：企业沿革**

第六章　记忆：亲历"求精"

第一章

缘起：创业前奏

一、辍学修鞋

正泰集团的所有创业史，都要追溯至浙江温州乐清的一个叫作柳市的小镇。柳市东濒乐清湾，南临瓯江，西接永嘉县，与温州市区隔江相望，北抵乐清市区，西北则是著名的国家级风景名胜区——中雁荡山。

与中国大多数江南小镇一样，柳市曾是一个方圆仅几平方公里的小镇，交通闭塞，民风淳朴，经济欠发达。

北宋王存编的《元丰九域志》记载："乐清有柳市、封市两镇。"柳市地处独龙岗，山水形胜，水边岸头杨柳成荫，镇上有武桥、龙首桥，两桥之间有一棵千年大柳树，如同一团绿色的云，遮盖了一方天地，庇护着四方百姓。乡人多聚此树下交易经商，年长日久，这里逐渐形成固定市场，从而成为一个自然集镇。因柳而市，"柳树下的集市"，便是柳市之名的最初由来。

但是，这么一个颇具传奇色彩的地方，百姓的生活却长期处于贫困状态。公开资料显示，改革开放初期，"七山二水一分田"的柳市镇，人均耕地面积不足 0.27 亩，人多地少的矛盾导致当地经济发展得十分落后，造成民众大面积的贫困。这和今日闻名中外的"东方电器之都""中国百强名镇"形成极其强烈的反差，那是另外一个关于乐清柳市、浙江温州乃至中国民营经济的宏大纪事。

1963 年 7 月，南存辉出生于柳市镇上园村一户普通的农民家庭。正值"三年困难时期"结束不久，很多人生活在贫困和饥荒中。

南存辉自小家庭贫困，用他自己的话说，当时他们家的吃穿条件在当地是最差的，住的房屋也是当地最破的，以至于经常遭遇"天上下大雨，屋里下小雨"的窘境。

正应了"穷人的孩子早当家"这句老话，南存辉稍稍懂事就开始帮助父母做家务，他卖米糠，用河里摸来的螺蛳等补贴家用。父亲南祥希在农忙之余，依靠修鞋增加收入，南存辉便跟在父亲身边，学习修鞋手艺，也向父亲学习做人的道理。

1976年，南存辉13岁。距离初中毕业还差十几天时，因父亲在生产队一次集体劳动中意外受伤，家庭重担一下子落到长子南存辉的肩上，他不得不辍学回家，子承父业从事修鞋行当。对年仅十几岁的少年来说，修鞋无疑是一份苦差。经历了寒冬腊月的凛冽，经受了锥子扎进手指的钻心疼痛，在坚持不懈的努力中，南存辉的修鞋手艺越来越精湛，他补的鞋既结实又美观；渐渐地，他有了一点名气，有人甚至赶十几里路来找他补鞋。

后来，南存辉回忆说："修鞋三年虽没赚到多少钱，但它使我懂得了诚实做人的道理，有质量才有回头客，才有生存和发展的机会。同时它也让我明白了，一个人要想有所作为，必须从一件件平凡的小事做起，而任何小事要做好都是不容易的。"正是这种诚实、务实的坚守态度，才让他有了今日的成就。

在南存辉埋头修鞋时，中国改革开放的大幕正在徐徐拉开。1978年12月，党的十一届三中全会在北京隆重召开，会上做出了"全党工作重点从1979年起转移到经济建设上来""实行改革开放"等伟大决策。此后，农村改革工作在全国各地如火如荼地展开。冲破计划经济的束缚，解放和发展生产力，提高生活水平，成为全国上下认识一致的"当务之急"。

南存辉在日常修鞋工作中，也密切关注着时事和形势的变化。通过与柳市当地走南闯北的供销员打交道，他逐渐了解了低压电器这一行业。受柳市贸易传统的影响，改革开放初期，许多不安于现状的小镇乡民开始摆脱土地的束缚，谋求脱贫致富之道。他们拿着当地的产品到全国各地推销，或者去异地他乡搜集市场需求信息，再回到当地采购产品。这一群体被称为"供销员"，其中尤以推销低压电器元件的供销员最为著名，他们号称"十万供销大军"，成了柳市最先尝到改革甜头的人，在全国声名远扬。

听说一些供销员就是靠推销柳市的低压电器元件成为万元户、十万元户的，不甘平庸的南存辉好生羡慕。穷则思变也好，穷且益坚也罢，他开始跃跃欲试，萌生了从事低压电器行业的念头。

二、初试创业

据《乐清县志》和《柳市镇志》记载，1978 年 7 月，柳市机具厂利用位于后市街的自有店面，开设了当地第一间低压电器门市部。而随着农村改革的不断深入和一系列放宽搞活政策的实施，获得一定经营权的柳市镇农民以专业市场为依托，以本地供销员为纽带，大力发展五金低压电器行业，逐渐闯出了一条以家庭经营和联户经营为主要形式的致富新路子。

1979年，中共中央、国务院批转了第一个有关发展个体经济的报告，表示各地可以根据当地市场需要，在取得有关业务主管部门同意后，批准一些有正式户口的闲散劳动力从事修理、服务和手工业者个体劳动。温州很快出现"无街不市、无巷不贩、无户不商"的景象，个体私营经济遍地开花。随后，个体工商户迅速发展，到1980年前后，温州个体工商户已经超过3000个，一些交易比较活跃的集镇，如乐清柳市等地，相继出现了若干专业性的制作作坊，如线圈作坊、矿灯作坊、电器作坊等。

天天奔波在柳市街头、以修鞋担起了一家人生计的南存辉，不知不觉间发现小小的柳市镇街两旁，开起了许多大大小小的电

20世纪80年代，柳市镇上前店后厂模式的经营场所

器柜台，业主要么和朋友合伙，要么家庭成员自己做，他们一边装配，一边把产品发往外地。

关于柳市低压电器行业的兴起，有许多说法。据乐清市人大常委会原主任赵乐强回忆：20 世纪 70 年代，马仁桥村有个叫陈庆遥的人，签订了柳市做电器零部件的第一份合同，自此电器生产在柳市散播开来。另一个更流行的说法是，当年一个在铁道部门工作的柳市人，从外地捎回来一个低压电器补偿器的零部件，询问家乡人能不能加工和生产这类产品。不久后，一个做过车床工的农民把第一个补偿器做了出来，并且赚到了钱。事隔多年，赵主任口中的陈庆遥是不是就是那个做过车床的农民？他做的是不是补偿器？人们不得而知。但公认的事实是，从那时起，柳市人从中看到了商机，大家一拥而上，纷纷效仿，上千家前店后厂式的低压电器店很快出现在柳市的大街小巷中。

这些平地而起的家庭小作坊令南存辉很是向往。他认为做电器不仅比修鞋体面，还有点技术含量，更重要的是，赚钱也似乎更多、更容易。南存辉咬定做电器才是他的"事业"，他把这个想法告诉父亲，却遭到父亲的强烈反对，原因大致有二：一是当时南存辉靠修鞋每个月能赚一些钱；二是尽管国家已经实行改革开放，但私营经济怎么发展，政策会不会朝令夕改，人们心里并没有底。

南存辉并未轻易放弃。1979 年，他和三个朋友一起正式试水合伙创业。四个人在地处后市街的柳市供销社门口，开办了一个制售电器产品的柜台。他们开始从低压电器中最简单的信号灯按钮等做起，可四个合伙人没有一个懂电器技术，南存辉便把从国有企业买来的电器产品拆了装，装了拆，不断摸索，竟然成了店里唯一的"专家"。几个合伙人则分头购买零部件，然后组装成产品，摆上柜台销售。

凭着对电器生意的兴趣和对财富的渴望，四个人每天早早开始工作，经常干到凌晨两三点。但是第一个月下来，除去成本，他们仅赚 35 元钱。因为利润太低，其他合伙人陆续选择了退出。南存辉却认为，35 元虽然不多，但毕竟没有亏本，"更重要的是，让我看到了前景，看到了诚实劳动带来的希望，看到了合作的力量，我将这视为自己人生路上的'第一桶金'，更加坚定了把小店开下去的决心"。正是这份"坚定的决心"，让他坚持了下来。

这一坚持，成了南存辉初次创业的主基调，从此他的一生和低压电器结下了不解之缘，由此也成就了后来南存辉和正泰在低压电器、工业电器设备、清洁能源、智能制造等领域的诸多建树，激励着所有正泰人不忘初心，砥砺前行。

三、酝酿办厂

任何事物的发展，都是前进性和曲折性的统一。摸着石头过河的渐进式改革路径，既赋予了个人、家庭、企业等经济主体一定的自主性和能动性，更增加了决策、政策、管制的不确定性和动荡性。

特别是在改革开放初期，新事物、新做法、新观念层出不穷，旧事物、旧惯例、旧观念余烬未消，这些都给政策的制定和具体实施造成严重困扰，政策风险也切切实实地影响甚至决定着社会舆论和个人命运。

1980 年 12 月，家住温州鹿城区解放北路 83 号的章华妹领取了改革开放后全国第一张个体工商业营业执照，编号为 10101。这大大鼓舞了温州人被压抑已久的创业热情，个体户、夫妻店等私营经济如雨后春笋般勃发出来，但在利益驱使下，私营经济乱象丛生，走私狂潮席卷乐清、苍南等沿海县。

1982 年 4 月 14 日，《人民日报》头版头条刊登《中共中央、国务院关于打击经济领域中严重犯罪活动的决定》，指出"打击经济领域中的严重犯罪活动""关系到我国社会主义现代化建设的成效，关系到我们党和国家的盛衰兴亡"。全国旋即掀起打击经济领域中严重犯罪活动的斗争。到年底，揭露并立案审查各类经济犯罪案件 16.4 万件，结案 8.6 万多件，近 3 万人被依法判刑，追缴赃款赃物 3.2 亿多元。

起步不久的个体、私营经济瞬间陷入寒冬，乐清首当其冲。浙江省委根据中央的要求，组成"打击投机倒把工作组"，进驻乐清柳市镇，以打击"投机倒把"的名义抓获了一批处在商品经济风口浪尖上的"冒尖户"。乐清柳市镇五金电器市场一批先富起来的个体户，被作为重大经济犯罪分子受到严厉打击，"八大王"（通常指"五金大王"胡金林、"线圈大王"郑祥青、"螺丝大王"

刘大源、"目录大王"叶建华、"矿灯大王"程步青、"旧货大王"王迈仟、"翻砂大王"吴师濂、"胶木大王"陈银松）或遭关押，或被通缉在逃，形成轰动一时的"八大王事件"。

"八大王事件"使工商企业与个体经营者人人自危，工厂关闭，商店收摊，一些创业者纷纷躲藏起来，柳市经济急转直下，变得七零八落。相关数据显示，1982年乐清县工业产值比1981年下降了53.8%。整个温州的工业，在1980年的增速为31.5%，到1982年则锐减为17.0%。

1984年，中央"一号文件"下发，鼓励农村发展商品经济，提出要搞活流通，形势发生了戏剧性的变化。同年4月，在时任温州市委书记袁芳烈的极力支持下，温州市委、市政府公开宣布给"八大王"平反，并且向社会明确表达了坚定支持民营经济发展的决心。

1984年4月8日，《浙南日报》（《温州日报》前身）
头版刊发为"目录大王"叶建华平反的消息

消息一出，乐清人群情振奋，重拾对政策的信心，放开手脚重新投入发展商品经济的浪潮之中。同年 5 月，乐清县政府出台文件，支持各类能工巧匠离土不离乡，从事建筑、五金电器和机械加工等行业，非耕地经营专业户很快发展到 4 万多户。柳市的民营经济渐渐恢复元气，经历劫难的低压电器市场迎来复苏。

在国家第六个五年计划时期（1981—1985），农村改革不断深化，城市改革政策陆续出台，各地以家庭经营为基础，从发展家庭工业、小商品入手，发展集市贸易，搞活流通渠道。柳市片区以个体、联户、挂户生产和经营为主的"柳市模式"，发展成效突出。柳市的低压电器产销基地在全国开始小有名气，初步形成了"小商品、大市场"的格局。柳市也因此成为后来闻名全国的"温州模式"的主要发祥地之一。

正是在这样的背景下，南存辉敏感地意识到，一个巨大的创业机会正在到来。放下小柜台，正式办厂大干一场的想法，在他的心里萌生，而且越来越强烈。

第二章

建置：企业沿革

一、"求精"初创

在中国企业发展史上，1984年是极不寻常的一年。许多日后叱咤风云的标杆企业，如海尔、联想、万科、TCL等，都在这一年诞生或迎来生死攸关的大转折。因此，这一年通常被视为中国现代企业的元年。正泰的前身乐清县求精开关厂也在这一年创立。

1984年元旦刚过，"改革开放的总设计师"邓小平开始了第一次南方视察。他把目光投到正在饱受非议的深圳、珠海、厦门三个经济特区和广州、中山等地，这些地方事先没被列入中央规划，后来也没有得到中央财政的特别扶持。此时的经济特区还深陷"姓资还是姓社"的思想旋涡中，这一方向之争关乎改革和大局稳定。邓小平马不停蹄地视察这些地方，先在珠海写下"珠海经济特区好"，又在广州肯定了"深圳的发展和经验证明，我们建立经济特区的政策是正确的"。不久之后，中共中央、国务院批转了《沿海部分城市座谈会纪要》，确定天津、上海、宁波、温州、广州等14个沿海港口城市进一步对外开放，沿海全境开放的格局由此形成。

农村经济改革也在同步推进。1984年3月，中共中央、国务院下发《转发农牧渔业部和部党组〈关于开创社队企业新局面的报告〉的通知》，肯定发展多种经营的战略方针及乡镇企业是多种经营的重要组成部分，明确乡镇企业已成为国民经济的一支重要力量，是国营经济的重要补充。乡镇企业开始迅猛发展，家庭作坊和个体私营的生产经营模式，开始制约民营经济的发展扩张，一些企业主开始寻亲靠友，亲帮亲、邻帮邻，几家几户集资投股，以资代劳、以劳代资，探索合作入股和联合经营模式，由多个业主共同投股的股份合作制企业应运而生。

这些股份合作制性质的乡镇企业创业伊始，既没有必备技术，也缺乏专业人才，有的更多的是创业者的激情和梦想。他们克服种种困难，使企业一步步发展壮大，成为日后"温州模式"的中流砥柱。乐清县求精开关厂就是其中的佼佼者。

1984 年 6 月 8 日，郑碎钿、张汉明、张彬卓、陈信存、徐小芹、黄宝珍、倪明兰、黄漫珍等人签订了《合作经营企业协议书》，拟投资设立乐清县求精开关厂。

乐清县求精开关厂 1984 年
的临时营业执照存根

1984 年 7 月，经乐清县象阳人民公社、乐清县工商局等相关部门批准，乐清县求精开关厂正式成立，注册地址为柳市镇上园村，经济性质为集体（合作），注册资金为人民币 10 800 元，其中固定资产为人民币 5000 元，流动资金为人民币 5800 元。郑碎钿担任企业负责人，主营开关柜、电流互感器、交流接触器、继电器、组合电器开关，兼营按钮开关、行程开关。

求精开关厂起步之初，正是柳市低压电器行业乱象滋生之时。据 1984 年 11 月 20 日的《乐清县人民政府关于柳市电器生产情况的报告》等资料记载，乐清县政府组织了一个有多名领导干部和技术人员参加的"发展商品生产指导组"，加强对低压电器生产

乐清县求精开关厂
初创时的厂房大门

的整顿和管理。其主要措施包括加强标牌管理、整顿电器门市部、举办专题技术培训班、从外地引进技术和人才等。这些措施对规范市场活动、提高产品质量起到了积极的作用。之后，公众媒体发表有关整顿成果的报道，使柳市走出了第一次信誉危机。但受制于多种主客观原因，1984年后虽经多次治理整顿，但治理整顿的效果并不理想，质量问题仍然阻碍着乐清民营经济的发展。如此一来，部分企业主感到市场不理想，选择放弃继续经营。乐清县求精开关厂的一些早期合伙人也感觉企业前景不明朗，打起了退堂鼓。

1986年，郑碎铷、张汉明、黄漫珍等8人通过协议转让退出求精开关厂。23岁的南存辉与胡成中两人各出资1.5万元，均等持有乐清县求精开关厂股份。自此，乐清县求精开关厂作为一家股份合作制企业正式登上历史舞台。

二、"求精"发展

（一）打响企业品牌

1986年，国内低压电器市场面临的状况有所改善。同年3月初，时任全国政协副主席、著名社会学家费孝通在温州考察，他调研柳市和虹桥等四县五镇并参观了市区两个街办厂后，在《瞭望》杂志上发表"温州行"系列文章，对温州个体私营经济的发展成果大加赞赏，指出"温州模式"的重要意义不在于发展家庭工业，而在于激活一个民间自发的、遍及全国的大市场，直接在生产者和消费者之间建立起流通网络。这一论断使温州人的形象在全国范围内引起关注，显著提高了温州的知名度，国家有关部门领导人多次对"温州模式"给予积极评价。

为使企业获得长远发展，南存辉与合伙人采取了聘请技术专家、建立热继电器试验室等一系列关键举措。至1987年，企业规模有了相应发展，经乐清县工商局等相关部门批准，求精开关厂注册资金增至32万元，企业性质为集体（合作）。

与此同时，厂里领导积极强化管理，完善规章制度。1987年10月，求精开关厂出台《厂长岗位责任制》。1990年3月，制定和颁布《厂规暂行条例细则》《职工奖惩条例实施细则》《质量责任制》《质量责任制的考核》等企业规章制度，求精开关厂逐渐走向正轨，步入工厂式制度化管理轨道。

1988年1月，乐清县求精开关厂被柳市镇人民政府授予1987年度"先进单位"称号，并于9月获颁"先进单位"锦旗。同年9月，乐清县人民政府

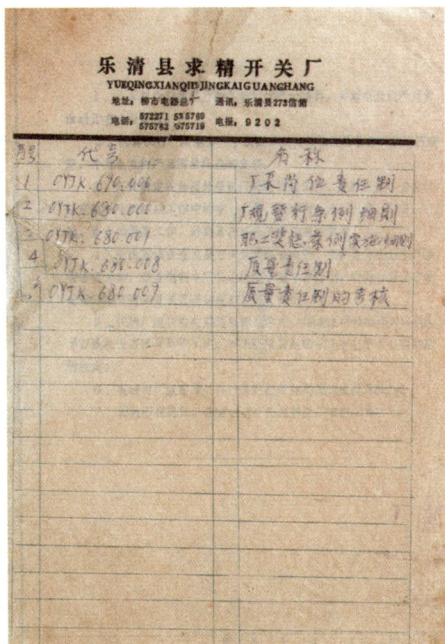

求精开关厂制定的部分规章制度名录

1988年9月，乐清县求精开关厂获颁1987年度"先进单位"锦旗

首次授予乐清县求精开关厂"重合同守信用单位和先进单位"称号。

1988年4月，《中华人民共和国宪法修正案》出台，明确了私营经济的合法地位。同年4月13日，第七届全国人民代表大会第一次会议通过《中华人民共和国全民所有制工业企业法》，企业家群体开始获得社会的认可和尊重。柳市大大小小的民营企业家放开被束缚已久的手脚，理顺生产关系，积极开拓市场，大幅提高产量和产值，使企业获得了飞速发展。同年，乐清县求精开关厂资产总额达到55万元，是1984年的51倍；销售收入更是突飞猛进，达到45万元，是1984年的45倍。

20世纪80年代中后期，很多温州企业一味追求经济效益，忽视产品质量管理，市场上的低压电器产品质量良莠不齐，"假冒伪劣"成了温州商品的代名词。1989年，质量低劣的柳市低压电器遭到全国抵制，外地一些单位甚至挂出"本店没有温州货""柳市电器推销员免进"的牌子，打假整顿市场、提高产品质量势在必行。1990年，国务院办公厅史无前例地针对温州柳市一个镇单独下发文件，即"国办发〔1990〕29号文件"，同意并转发国家技术监督局、机械电子工业部、国家工商行政管理局、财政部、国家物价局、商业部等六部局《关于温州市乐清县生产和销售无证、伪劣产品的调查情况及处理建议》，要求各省、自治区、直辖市人民政府，国务院各部委、各直属机构结合实际情况认真贯彻执行。国家六部局、省市县三级政府旋即组成联合工作组进驻柳市，开展打假行动。

关于打假整治的方针，有 3 种说法，时任乐清县副县长的林建伟介绍，县里最初提出"疏导、扶持"的方针。而时任浙江省副省长的柴松岳的回忆是，他提出的是"整顿、杜绝、打击、扶持"八字方针，即整顿生产不合格的企业，杜绝危害社会的劣质产品的生产，打击严重违法乱纪的企业，扶持基本符合生产条件但原材料等有问题导致产品质量低劣的企业，经请示时任浙江省委书记李泽民后执行。但是后来大量见诸报端的八字方针是"打击、堵截、疏导、扶持"。这当中是否有一个不断调整、不断完善的过程，似乎并无公开说法。事实究竟如何，可以留给史家去争论。但那一场轰轰烈烈的打假行为，确是不争的事实。

在治理整顿中，求精开关厂因为持证生产、质量过硬，得到工作组的肯定。温州市、乐清县两级政府决定将求精开关厂作为重点扶持对象，求精开关厂随后得到中国农业银行 50 万元的贷款。这笔犹如雪中送炭的贷款，使企业盘活了营运资金，使企业规模迅速扩大，加之产品不愁销路，求精开关厂迅速发展起来，在柳市诸多低压电器企业中脱颖而出。

1990 年 10 月，求精开关厂被温州市人民政府评为 1989 年 "市级先进企业"。

1990 年 10 月，求精开关厂获颁 "市级先进企业" 奖牌

1991 年第一季度，求精开关厂的企业产值和税收同比双双实现增长。求精开关厂 1990 年第一季度的销售额为 110 万元，创税利 12 万元；1991 年第一季度的销售额为 180 万元，创税利 17 万元。1991 年第一季度的销售额和税利分别比上年同期增长了 63.6% 和 41.7%。

1991 年，求精开关厂总产值达到 1000 万元，是 1990 年 447 万元的 2 倍多，是 1989 年 110 万元的 9 倍多。1991 年的人均产值达到 5.25 万元，约为 1990 年的 4 倍。同年，销售收入达到 446 万元，约为 1988 年的 10 倍。在当时恶劣的环境下，求精开关厂逆流而上，很快跻身当地低压电器龙头企业行列。

1984—1991 年乐清县求精开关厂主要数据

项　目	1984 年	1988 年	1990 年	1991 年
注册资金（万元）	1.08	32	42	109
总产值（万元）	1	110	447	1000
销售收入（万元）	1	45	—	446
资产总额（万元）	5	55	278	650
职工人数（人）	5	40	100 以上	224

　　1991 年，乐清县求精开关厂入选柳市先进企业名单，厂长南存辉入选先进个人名单，获锦旗奖励。由于顺利拿到生产许可证，企业获得 2000 元奖励。作为当地年产值达到 1000 万元的企业，求精开关厂被授予高产值奖，奖金为 5000 元。

　　同年，求精开关厂被乐清县人民政府授予"重点企业"称号，享受县政府 59 条优惠政策，连续 4 年被县政府评为"重合同守信用单位"。

（二）企业厂址变迁

　　乐清县求精开关厂成立初期并没有专门的厂房，生产车间主要设在南存辉、胡成中的住宅中，属于典型的"前店后厂"模式。有时场地不够，需要租用周边民房做仓库。1990 年，求精开关厂利用政府部门大力扶持企业发展的机会，取得了长足的发展。同年 10 月，求精开关厂发展成两个车间（两条生产线作业）：一车间（德力西集团的前身）和二车间（正泰集团的前身）。

求精开关厂早期的
生产车间

　　起初，位于柳市镇翔杨路13弄的南存辉住宅的一楼被用作装配车间和仓库，在新市街的胡成中的住宅中则开设了门市部和仓库。1987年后，因为热继电器试验室的建立，求精开关厂的生产规模显著扩大，又在新市街设置了装配车间。

原求精开关厂厂址

为提高柳市低压电器产品的质量，规范一拥而上的电器企业的生产经营，打开柳市电器的国内市场，温州市、乐清县两级政府提议由柳市镇政府主管的柳市工业公司（与原柳市镇工办合署办公）负责创办一家柳市电器总厂。1986 年 7 月 15 日，柳市电器总厂正式筹建，厂房地基经县、市土地管理部门批准，落实在当时的上园村大队，规划占地面积为 3200 平方米，建筑面积为 2600平方米。考虑到地理位置、交通状况等因素，具体地址设至柳市车站西首一块荒田上。该地平时种莲藕，实际上是一个垃圾场。上园村非常支持，当即落实了土地。1987 年 4 月，柳市电器总厂破土兴建，1988 年 2 月 23 日，总厂竣工验收合格并投入使用。实际厂房占地面积为 4022 平方米，建筑面积为 4312 平方米。同年5 月，总厂举办开业典礼，电器大楼分别租给 4 家持证企业和 2 家

昔日柳市电器总厂大楼

骨干企业，其中就包括乐清县求精开关厂。

1988年，求精开关厂将两个装配车间和销售部门，从柳市镇翔杨路13弄搬到电器总厂二楼东边，大约有200平方米的空间。进门左手边是交流接触器装配车间，右手边是热继电器装配车间。同期，翔杨路13弄厂房主要用作质检、财务办公及零配件的生产，之后再把加工好的零配件拿到电器总厂进行组装。

求精开关厂入驻电器总厂后，得到了重点培养。一门心思把精力放在厂里的南存辉，经常去总厂负责人胡万海等处请教企业生产经营、选才用人、企业规划等问题。在租金优惠、生产许可证申领、检测设备租用、年终评优选先上，总厂也给予求精开关厂大力支持。这一时期的柳市电器总厂起着类似于"孵化园"的作用，提高了柳市电器产品的质量和声誉，推动了乐清低压电器

位于柳市电器总厂二楼的求精开关厂

位于柳市电器总厂二楼的求精开关厂办公室

行业从混沌竞争走向有序发展。生产场地的扩大和管理的改善，使当时主要生产交流接触器和热继电器等小件的求精开关厂，在生产规模和产值上实现了连年翻番。

1990 年，柳市镇征地 15 亩，投资 430 万元筹建柳市工业小区。同年底，求精开关厂第二次扩张，租用柳市工业小区（现在柳川大厦的位置）中间一幢楼的一楼作为国贸部的办公地址和小型断路器的生产装配车间。直到分家后各自新建大楼，原求精开关厂所有的办公室和生产车间才搬进新大楼。

20 世纪 80 年代后期，万里、费孝通等人先后到温州、乐清等地考察，这大大提高了"温州模式"的声誉，扩大了其影响。1991 年，江泽民、乔石、李瑞环等党和国家领导人视察温州。当时温州的民营经济野蛮生长，对于温州"姓资还是姓社"的问题尚未有定论，李瑞环妙趣横生的"光头论"却不胫而走。是年 5 月 15 日，时任中共中央政治局常委、中央书记处书记的李瑞环视察温州，并莅临求精开关厂指导工作。李瑞环询问了求精开关厂的经营情况和股权架构，进一步肯定了温州个体私营经济发展所取得的突出成绩。党和国家领导人的重视和支持，为温州电器行业的大繁荣扫清了障碍。

三、"求精"分家

经过 1990 年的打假治乱，承受住考验的乐清电器企业获得了重生的机会。全国各地的市场需求越来越大，当其他电器厂家猛然醒悟，开始打质量牌的时候，求精开关厂早已抓住先机，走到了同行前面。这一年，求精开关厂的厂房面积扩张到 4000 平方米，固定资产达 278 万元，有职工 100 多人，企业产值达到 447 万元。

樂清縣求精開關廠產品价目表：

名稱	型號	單位(台)	單价(元)	打箱代號		
交流接触器	CJ10-10	台	25	0177	0137	0117
	CJ10-20	台	33	0277	0217	0197
	CJ10-40	台	49	0377	0307	0277
	CJ10-60	台	135	0870	0750	0670
	CJ10-100	台	180	0117	0100	0900
	CJ10-150	台	265	0147	0155	0125
中間继电器	JZ7-44	台	20			0095
	JZ7-53	台	20			0095
	JZ7-62	台	20			0095
	JZ7-80	台	20			0095
热继电器	JR16B-20/3	台	17	008	006	005
	JR16B-60/3	台	25	011	085	075
	JR16B-150/3	台	48	190	170	150
	JR16B-20/3D	台	19	009	065	055
	JR16B-60/3D	台	29	012	090	080
	JR16B-150/3D	台	52	020	175	155
	JR0-20/3	台	16	E08	R06	E05
	JR0-40	台	13	E08	E06	E06
	JR0-60/3	台	23	E011	E085	F075
	JR0-150/3	台	45	F019	F017	F015
磁力起动器	QC12-2/k	台	45	0309	0249	0219
	QC12-3/k	台	65	0417	0337	0307
	QC12-4/k	台	75	0542	0452	0412
	QC12-5/k	台	160	0113	0985	0885
	QC12-6/k	个	240	1545	1355	1225
	QC12-7/k	个	300	1900	1760	1620
	QC12-2/H	台	54	3390	2790	2410
	QC12-3/H	台	70	4670	3770	3370
	QC12-4/H	台	90	600	5100	4590
	QC12-5/H	台	195	1180	1035	9450
	QC12-6/H	个	315	1085	1495	1375
	QC12-7/H	台	390	2010	1870	1750

注：10A每箱30台装　60A每箱4台装
20A每箱20台装　100A每箱4台装
40A每箱12台装　150A每箱2台装

名稱	型號	單位(台)	單价(元)	打箱代號		
磁力起动器	QC12-2/NK	台	80	0522	0422	0372
	QC12-3/NK	台	93	0749	0609	0559
	QC12-4/NK	台	150	0989	0829	0759
	QC12-5/NK	台	375	2080	1815	1645
	QC12-6/NK	台	660	2880	2520	2300
	QC12-7/NK	台	780	3590	3330	3110
	QC12-2/NH	台	102	0557	0457	0407
	QC12-3/NH	台	130	0779	0639	0589
	QC12-4/NH	台	200	1009	0909	0839
	QC12-5/NH	台	390	2210	1945	1775
	QC10-2/2	台	55	0309	0249	0219
	QC10-3/2	台	70	0417	0337	0307
	QC10-4/2	台	80	0542	0452	0412
	QC10-5/2	台	165	0113	0985	0885
	QC10-6/2	台	240	1545	1355	1225
	QC10-7/2	台	300	1900	1760	1620
	QC10-2/4	台	78	0522	0422	0372
	QC10-3/4	台	120	0749	0609	0559
	QC10-4/4	台	150	0989	0829	0759
	QC10-5/4	台	345	2080	1815	1645
	QC10-6/4	台	510	2880	2520	2300
	QC10-7/4	台	600	3590	3330	3110
	QC10-2/6	台	58	0339	0279	0241
	QC10-3/6	台	70	0457	0377	0337
	QC10-4/6	个	99	0600	0510	0459
	QC10-5/6	台	195	1180	1035	0945
	QC10-6/6	台	315	1685	1495	1375
	QC10-7/6	台	390	2010	1870	1750
	QC10-2/8	个	102	0557	0457	0407
	QC10-3/8	台	130	0779	0639	0589
	QC10-4/8	台	200	1089	0909	0839
	QC10-5/8	台	390	2210	1945	1775

中間继电器每箱80台装　60/3每箱75台装
20/3每箱120台装　150/3每箱30台装
40/2每箱120台装

求精开关厂部分产品价目表

随着经营规模的不断扩大，怎样使企业的发展再上一个台阶的问题摆在了合伙人面前。在求精开关厂的未来定位和经营理念等方面，南存辉与胡成中的意见开始出现不一致。起初只是小的分歧，后来随着双方的亲戚、朋友加入经营管理层，分歧也越来越大，意见难以统一。由于两位合伙人的股权各占50%，拥有同样大的话语权，因此谁也说服不了谁，这势必会妨碍企业的发展壮大。

当时，求精开关厂已经具备一定的实力和知名度，地方政府为了鼓励企业发展，经常会给企业领导评先进、颁奖，以树立典型。为了体现"公平"，南存辉和胡成中采取了轮流当厂长和法人代表的办法，即今年南存辉是厂长，胡成中是法人代表，明年就是胡成中当厂长，南存辉当法人代表。但这终究不是长久之计。"谁是第一把手"的问题不解决，经营方向、计划朝令夕改，显然不利于企业决策的制定和平稳推进，分家也就不可避免。一个细节是，当时南存辉、胡成中两人的名片上都印着"厂长"头衔，客户看

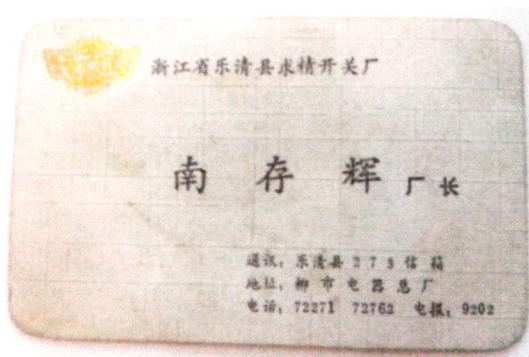

南存辉使用过的名片

了有些摸不着北。从大局出发，南存辉、胡成中酝酿着把求精开关厂分开来经营。

当时，乐清县委书记很关心求精开关厂的发展，同时对企业的情况也了如指掌，他也支持分家，并由他来做"娘舅"。1990年10月，南存辉和胡成中尝试第一次分家，以产品来分，用抓阄的方式决定各自分到哪个产品，员工原先负责哪块产品就分归哪块。最终结果是，胡成中分到热继电器（型号JR16B-20/3）和中间继电器（型号JZ7-44、JZ7-62、JZ7-80），南存辉分到交流接触器（型号CJ10-10A、CJ10-20A、CJ10-40A），双方共用一个厂名，各自独立生产，用同一个牌子销售。

经过一年的试运营，两人的发展势头都不错，两人所管的业务都有了很大发展，于是便决定正式分开。1991年，求精开关厂正式一分为二：南存辉分得求精开关厂二车间（后发展为求精开关一厂），主要生产交流接触器；胡成中分得求精开关厂一车间（后发展为求精开关二厂），主要生产热继电器，热继电器试验室也划入其中。双方对外还是共用一个厂名，以同一个牌子经营。

求精开关厂平稳分家后，在工商局走完手续，财务、业务等也逐一分清。求精开关一厂靠近柳市电器总厂食堂，独当一面的南存辉把全部精力放在企业发展上，想方设法引进各种人才，壮大企业规模。

1991年10月，经乐清县柳市镇工业办公室、乐清县工商局柳市分局批准，求精开关一厂增加5名出资人，即南存飞、吴炳池、朱信敏、黄李忠和黄爱素，注册资金增至人民币 109 万元，其中南存辉增资人民币 37 万元，南存飞、吴炳池、朱信敏、黄李忠和黄爱素各出资人民币 6 万元。

南存辉、胡成中两人后来分别成立了正泰、德力西两家公司，双方共创并持有的"乐清县求精开关厂"名称则沿用至 1993 年 5 月 15 日。当日，乐清县工商局下发《核准注销通知书》，乐清县求精开关厂正式注销。

四、"正泰"发端

一般认为，求精开关厂分了两次家。1990 年 10 月尝试分家，两个车间分开发展，但还是统一核算，统一调度。1991 年则是正式分家，两个车间独立核算，各自调度，二车间实际控制人为南存辉，一车间实际控制人为胡成中。双方对外还是打着"乐清县求精开关厂"的名号，还是厂长、法人代表轮流当。

1991 年 10 月，为扩大生产规模，拓展销售渠道，也为了享受国家为鼓励引进外资和管理技术而推出的政策优惠等，南存辉负责的二车间与美籍华人黄李益签订合作协议。根据该协议，经浙江省人民政府批准，中美合资温州正泰电器有限公司正式成立了。南存辉在和胡成中共有"求精"的同时，拥有了一个新的品牌，"正泰"之名也发端于此。为明确权责，南存辉、胡成中两人专门签了一份协议。

本书编写组未能找到当年南存辉与黄李益签订的合作协议，却找到了南存辉与胡成中签订的协议。该协议于1991年10月25日在柳市镇上垟路13弄2号签署，其中明确了甲乙双方各自的权益和责任，并经浙江省乐清县公证处公证生效。

一、乙方（二车间南存辉）在完成承包任务的情况下，要求以乐清县求精开关厂的厂名与黄李益先生创办合资企业，甲方（一车间胡成中）表示同意。

二、合资企业所需资金由乙方自行负责，原求精开关厂注册资金42万元，股权和风险责任双方各占一半不变。乙方在不动用厂内现有流动资金和其他资金前提下，甲方同意乙方在求精开关厂账户另外增资67万元，此资金由乙方自行组织负责，作为乙方与黄李益先生合资创办温州正泰电器有限公司投资款，该款属乙方所有。正泰电器有限公司领取营业执照后，求精开关厂注册资金减到原来的42万元。该项工作由乙方负责处理完善。

三、乙方与黄李益先生合资所产生的利润分成，可汇入乐清县求精开关厂的账户，归乙方所有，并承担纳税义务和股份企业分配的有关规定，甲方无权享有。

四、今后不管双方投资多少，利润多少，原有股权均等不变。

五、乙方享有中外合资企业的股份权益和义务，享受盈利，承担风险责任；甲方不享受盈利，也不承担风险责任。合资企业的经营活动与甲方无关，但不得有损于乐清县求精开关厂及一车间的声誉，若有后果，乙方应承担相应的赔偿责任。

六、今后甲方要以乐清县求精开关厂的名义与其他外商合资，乙方亦应予同意。其条款，可以以此协议确定权利和义务。

七、本协议经双方代表签字后公证生效。1991 年 7 月 23 日签订的协议同时无效作废。

八、本协议一式两份。甲乙双方各执一份，报主管部门和法律顾问各一份。

上述协议中提到，1991 年 7 月 23 日双方签订过一份协议，但未找到文本，故相关内容并不知晓。在并存的多个版本中，有人把 1991 年 10 月 25 日作为求精开关厂正式分家的标志时间，这是否恰当，只有交给历史去评说了。

乐清县求精开关厂
YUEQINGXIAN QIUJING KAIGUANCHANG
地址：柳市电器总厂　通讯：乐清县273信箱
电话：572271　575719　电报：9202
　　　575762　575769

协　议　书

甲方：乐清县求精开关厂　壹车间　胡成中
乙方：　　　　　　　　　　贰车间　南存辉

乙方为了扩大生产，拓宽销售市场，为国家争创外汇，确实与黄李益先生（美籍华人）合资创办温州正泰电器有限公司，甲乙双方为明确各自的权益和责任，现就有关事项达成协议：

一、乙方在完成承包任务的情况下，要求以乐清县求精开关厂的厂名与黄李益先生创办合资企业，甲方表示同意。

二、合资企业所需资金由乙方自行负责，原求精开关厂注册资金肆拾贰万元，股权和风险责任双方各占一半不变。乙方在不动用厂内现有流动资金和其他资金前提下，甲方同意乙方在求精开关厂账户另增资玖拾柒万元，此资金由乙方自行银根负责，作为乙方与黄李益先生合资创办温州正泰电器有限公司投资款，该款属乙方所有。正泰电器有限公司领取营业执照后，求精开关厂注册资金减到原来肆拾贰万元

1991年10月25日求精开关厂一车间、二车间签订的《协议书》首页

第三章

蜕变：科技与质量

一、初创遇恶劣环境

　　1978 年 7 月，柳市镇后市街诞生了当地第一家低压电器门市部。随着改革开放和市场经济的兴起，柳市低压电器的生产和销售规模越来越大。与此同时，由于个体、私营企业不具备相关条件，生产技术落后，专业人才欠缺，质量意识淡薄，无证经营、销售假冒伪劣产品等现象十分严重，数以千计的电器店面和柜台均无生产许可证和营业执照。1983 年，柳市电器行业的假冒伪劣情况已经相当突出，为牟取暴利，许多人以白铜甚至铁片代替白银，充当继电器触头。

　　机械工业部派员到乐清了解情况，研究解决办法。时任机械工业部电工局局长周鹤良回忆："我们去温州调查，当地气氛很紧张，产品质量也确实差。一些人到上海专找一些破产的电器厂，像收废品一样用麻袋把开关买回乐清柳市来，洗洗涮涮、敲敲打打又卖出去了。"周方明（求精开关厂顾问）也回忆说，当时机械工业部为此受到国务院领导的批评，说连小小的低压电器都管不好，好多人都跑到国务院来反映了。

　　到 1984 年，国家开始采取实际措施整治市场乱象。这一年 7 月 23 日，几乎在求精开关厂创立的同时，《人民日报》发表了题为《手段低劣，柳市镇区质次电器销往各地；后果严重，成千用户上当受骗提出批评》的署名文章。之后，许多报纸纷纷转载或发表类似的报道。一时间，柳市声名狼藉，成为众矢之的，当地的电器行业陷入萧条。究其原因，与当时的行业经营模式密不可分。资料显示，最初，柳市的低压电器产品基本上是当地农民将自家作坊搬到镇上以前店后厂的模式生产的，通过所谓供销员将其销往全国各地。生产者本身是农民，文化观念相对落后，没有技术标准，更没有货真价实的原材料，多产出不合格产品，由此导致开关起火、瓦斯爆炸、人员伤残等事故频发，不仅使国家、集体和个人遭受巨大损失，更使乐清名誉扫地，引起社会公愤。

同期，温州市政府接到机械工业部、国家经济委员会、国家工商行政管理总局就整顿、加强柳市低压电器产品生产管理的函件，有的部门还下发了禁止使用柳市电器产品的紧急通报。整个柳市人心惶惶，不少人担心国家对柳市的政策又要变，生产电器及其相关产品的民营企业陷入了困境。根据乐政〔1984〕300号文件记载：当时不少门市部和企业忙于收摊、转移，整个市场出现了"三多一少"的局面。一是业务外挂多。据柳市几个托运单位的统计，1984年7月23日之后相当长的时间里，从柳市发出的低压电器产品，几乎没有一个发货单位是柳市的，都是借用邻近县的名义。二是能人外流多。不少人认为在柳市背着"黑锅"办企业，是非多，前途难测，纷纷出走，仅柳市镇就有500多人外走。三是退货、退款、拒付款多。因为需方既怕上当受骗，又怕受牵连。四是业务量减少。乐清供销员到处碰壁，其所到之处，"浙江乐清柳市——拒谈""柳市货不要"之类的逐客令比比皆是。据统计，仅1984年8月份柳市全镇的工业产值就减少600万元。

温州臭名昭著的不只是柳市的劣质低压电器产品，还有苍南的假商标、永嘉的劣质皮鞋等。1987年8月8日，杭州工商管理和质监部门在武林广场当众烧毁5000双温州劣质皮鞋，轰动全国。国家、省级各部门严厉要求乐清整治假冒伪劣产品，"打假"成为常态。

据时任乐清县副县长林建伟回忆：国家经济委员会等部门下发的经质字〔1987〕180号文件（《严禁生产和销售无证产品的规定》），要求打击无证伪劣低压电器产品，县里通过调查摸底，毫不手软地打击劣质产品。通常，每个季度采取一次大行动，每个月度开展一次小打击。1988年召开2次假冒伪劣产品销毁现场会，销毁产品5000箱，罚没款项5万元。

柳市低压电器行业假冒伪劣产品盛行，行业内鱼龙混杂，社会风气极其恶劣，这对刚刚创立的乐清县求精开关厂来说，无疑是个巨大的挑战。南存辉曾对朋友说："我修过无数劣质鞋，听过无数人对着劣质鞋骂。生产假冒伪劣产品的人，就算不折寿也没好结果。我们要干就要讲究质量，不能赚昧良心的钱。"

为了在绝境中求生，求精开关厂坚持精益求精的原则，坚守以质量谋发展的信念。对于采购来的零部件，他们均严格把关。产品装配得稍微差一点就返工，质量稍微差一点的就不允许出厂。对质量的坚守，始终是求精开关厂的第一要义，助推求精开关厂实现质的飞跃。

二、聘请技术人才

求精开关厂创办初期，最大的困难是人才匮乏，尤其是缺乏技术人才。

在当时的情况下，人才去哪里找呢？两位合伙人想起了上海。经人推荐，南存辉、胡成中认识了刚从上海人民电器厂退休的三位工程师——王中江（总工程师）、宋佩良（高级工程师）、蒋基兴（高级工程师），两人便多次登门诚邀他们到柳市帮忙。当时的温州不通火车，不通飞机，甚至没有一条像样的公路，两人跑上海很辛苦，坐的是轮船，而且是最低等的舱位。从温州望江路码头坐船到上海十六铺码头需要20多个小时，途经东海上的大戢洋，风浪掀起来，轮船颠簸不止，让人吐得一塌糊涂。

虽多次拜访，但三位退休老人都没有松口。一方面，他们在国有知名企业工作大半生，退休后更愿意待在上海安享晚年；另一方面，他们对求精开关厂的前途顾虑重重。但南存辉、胡成中并未放弃，他们一次次登门，反复做老人们的思想工作，讲他们的创业志向和企业的经营理念，还主动帮他们做家务。

他们的诚意打动了老人们，后来宋佩良问南存辉办厂的目的："你们是要票子，还是要牌子？要票子就不用来找我，我是人民电器厂的老工人，不会丢人民电器厂的脸来帮助你生产假冒伪劣产品！"南存辉回答："我们先要牌子，再要票子。"

三位工程师顾虑渐消，终于答应"出山"，成为求精开关厂的首批技术专家。王中江作为总工程师先到乐清柳市镇，宋佩良和蒋基兴随后到来。据知情者回忆，三位工程师老而弥坚，一门心思干事业，工作、生活都在厂里。三人平时都带了学徒，后来宋佩良的宁波籍徒弟冯姓工程师和宋老的儿子宋国峙也加入求精开关厂。

南家老宅空地上用草棚搭建的金工车间，也是三位工程师工作的地方

　　当时，求精开关厂的零配件除依靠外部提供外，也需要自行加工一部分，比如流水线上用于定位的模夹具等。为了节省成本，公司内部生产所需的许多工装设备、模具等都是三位工程师一起琢磨研究出来的。随着生产走向正轨，三位工程师才逐渐负责各自所擅长的领域。

　　王中江主要负责质量把控，做技术指导、培训等，侧重于接触器领域，并在产品的材料、做工及工序等方面进行优化与改良。1988年前后，年近70岁的王老在温州和上海两地间往返多次，积极为求精开关厂谋求机械部的生产许可证。在几位老人的努力下，1988 年，求精开关厂领取了低压电器生产许可证，成为当时乐清县第一批取得机电部颁发的生产许可证的企业之一。也正是这张生产许可证，使正泰在 20 世纪 90 年代初国家六部局、省市县三级政府联合打击假冒伪劣产品的打假风暴中经受住考验，从此打开全国市场，实现了发展的飞跃。1989 年以后，考虑到王中江年迈，不便长期在乐清工作，加上求精开关厂技术实力日渐雄厚，王老的工作方式改为定期来厂里做培训，结束后即回上海。

蒋基兴负责校验台和热继电器的标准化生产工作，专注于产品的质量检测、检验和改善等工作。他的身影无时无刻不出现在热继电器试验室，因为出厂的产品是否合格，都需要通过蒋基兴负责的校验台进行系统检测，确定各项参数合格后方能交付到客户手上。由于热继电器特殊的工作原理——双金属片受热弯曲过程中热量的传递需要较长的时间，因此每批产品的校验过程通常需要 8 个小时以上，所以检验台的工作实行三班倒 24 小时值班制。与此同时，由于校验台全天候运行，检测设备时常会出现故障，这对看管和负责的工作人员来说，除有体力上的要求之外，更需要能够及时找出问题并排除故障的娴熟专业技能。很多时候，校验台出现故障，而负责看管维护的人员无法排除故障，就不得不三更半夜去请已经入睡的蒋基兴。这时，年逾花甲的蒋基兴总是欣然披上外衣，微笑着随工作人员到车间解决故障。

宋佩良侧重于工艺技术，专做工装夹具，锉、车、磨、镗、铣、钻、刨、装配等样样精通，求精开关厂的许多台钻都是他改装的。当年宋佩良曾与电工寿国春、盛姓工程师共同改装过热继电器流水线。原先求精开关厂唯一一条生产线在设计时将电动螺丝刀挂在上方支架上，操作时工人需要专门腾出一只手去抓取。技术人员研究了装配标准动作后，提出改进意见。他们把螺丝刀放置到面板上，改用脚来控制电源，一旦产品传过来，工人只需把螺丝放上去一拧即可，非常便捷，效率直接提升 50%。在开发第一个申领到许可证的产品——继电器 JR16 期间，一次做夹具时，宋佩良右手拇指不慎被机器打到，由于在柳市没能及时得到医治，拖延半个月回到上海治疗时，他的手指已不能复原，遗憾地变得畸形了。

后来因年龄和健康问题，三位工程师相继离开求精开关厂。经过他们在产品开发、技术改进、工艺改良等方面的不懈努力，求精开关厂的质量检测能力和产品可靠性大大提高，产品质量有了保证，技术标准日益成形，求精开关厂在鱼龙混杂的市场环境

正泰"技术三元老"——王中江（左）、蒋基兴（中）、宋佩良（右）

中取得竞争优势，率先完成蜕变。技术元老们兢兢业业，为企业开展技术攻关，帮助企业创建质量体系，在求精开关厂建立温州地区首个热继电器试验室、获取机械部颁发的低压电器生产许可证等方面，做出了杰出贡献；他们老当益壮，无私奉献，作风严谨，是老求精人留给正泰的一笔宝贵的精神财富。

1990 年底，刚刚退休的高级工程师过润之从江苏来到乐清，加盟乐清县求精开关厂。据他回忆，他在求精开关厂的第一张工作证的颁发时间为 1991 年 1 月 1 日，编号为 102 号，是由时任求精开关厂厂长南存辉亲自签发的。而他送给求精开关厂的"见面礼"则是一张自制的产品图纸，要知道，这张图纸的重要性在当时堪比黄金。那时温州交通不便，经人介绍，他把图纸带到上海，求精开关厂派南存飞、朱信敏前去接洽。怕对方认不出来，他们还约定他手里拿一份报纸，站在火车站出口处等候，颇像当年的地下党接头。过润之到来后，被安排主管技术部，他组织并参与了产品换证和技术开发等一系列工作，为公司的科技进步奠定了良好基础。他后来主持并参与设计的 CJX20 系列交流接触器，曾获第 44 届布鲁塞尔尤里卡世界发明博览会特别金奖，以及首届香港中国优质产品博览会金奖和特别奖。

南存辉对科技人才的态度为人津津乐道，他使尊重知识、重用人才与人才对公司的付出和贡献形成良性循环，这成为日后正泰重要的企业文化基因之一。

三、建立热继电器试验室

办厂初期，由于行业内没有技术标准，企业缺乏专业工艺，生产的热继电器在质量上很不稳定，制约了生产和销售规模。有些企业甚至用铜触点代替银触点，用铁片代替双金属片，这种情况导致柳市电器产品在市场上信誉低下。当时，热继电器是求精开关厂的主打产品，其质量水平直接决定着公司的信誉情况和盈利水平。想要从根本上保证产品的质量，建立热继电器试验室势在必行。

1986年，为进一步提高产品质量并获得生产许可证，初到求精开关厂的王中江、宋佩良、蒋基兴三位工程师提出要办检测中心，建立自己的热继电器试验室。经测算，建试验室需要花费30万元，而当时公司总资产还不到10万元，流动资金只有1万元，30万元相当于公司总资产的三倍。这显然是一笔巨款。没有资金，他们就东挪西借。1986年8月，南存辉、胡成中两人通过民间借贷，凑足了这笔资金。

1987年9月11日，求精开关厂建成自己的热继电器试验室。相关资料表明，这是温州地区第一个，也是全国民营企业中的第一个热继电器试验室。试验室经机械部华东电器测试中心验收，达到部颁标准，成为全国测试网点之一。

试验室归属于公司的质检科，位于胡家老宅一楼，外观为一个透明的玻璃房。试验室创建初期，相关人才还没来得及培养，

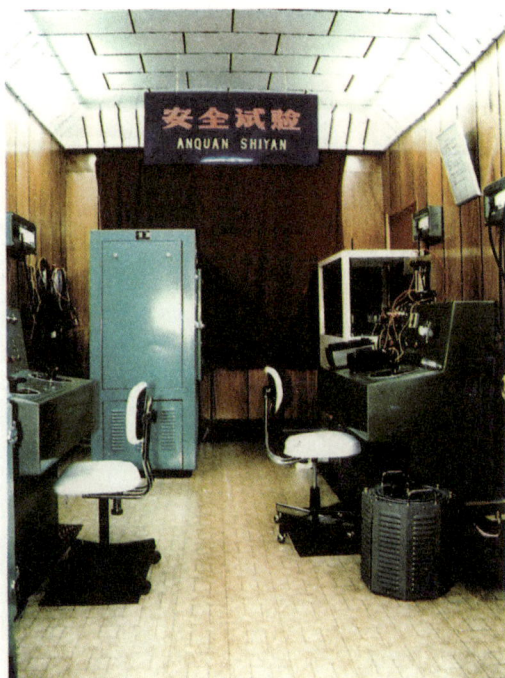

求精开关厂的热继电器
试验室

因此日常运转都由蒋基兴负责。试验室是申领许可证的必备条件
之一，根据国家标准，试验室必须配备耐压试验台、弹簧测试仪、
微欧计、触头压力测试仪、热继电器特性检测试验台等设备，要
求常年保持恒湿恒温，温度控制在 22 ～ 25℃，其试验内容包括长
延时的动作特性、产品寿命、通电情况等。热继电器试验室除了
给本厂产品进行成品测试试验，也为当地从事电器生产的家庭工
厂提供服务。

热继电器试验室的建成使用，不仅为求精开关厂申领生产许可
证、提高产品质量及日后形成一整套产品质量检验制度创造了必要
条件，也为求精开关厂在低压电器行业中赢得声誉，为企业的稳健

发展奠定了基础，还给其他电器企业树立了重视技术的榜样，它已经载入求精开关厂的发展史册。试验室也成了老工程师们坚守的阵地和新技术人员成长的沃土，求精开关厂的专业技术人员从无到有，其技术由生疏到熟练，为提高产品质量提供了技术保障。

四、申领生产许可证

一轮接一轮的打假行动，并未使柳市低压电器行业一蹶不振。大浪淘沙，在许多制假售假企业和质量无保证产品惨遭淘汰的同时，一批有实力的企业脱颖而出。从 1988—1990 年，在相关部委、市县镇各级政府的扶持下，凭借过硬的产品质量和较高的技术标准，求精开关厂共领取了 5 份生产许可证，1991 年又领取了 5 份生产许可证。至此，求精开关厂生产的 3 个系列产品共有 10 份生产许可证，成为当时乐清县同行中持证最多的企业。

（一）条件和流程

1984 年 4 月，国务院颁布了《工业产品生产许可证试行条例》，以行政法规的形式明确了企业取得生产许可证必须具备的条件。其中，要求企业必须具备保证该产品质量的生产设备、工艺装备和计量检验与测试手段，必须有一支足以保证产品质量和进行正常生产的专业技术人员、熟练技术工人及计量、检验人员队伍，并能严格按照图纸、生产工艺和技术标准进行生产、试验和检测，在产品生产过程中必须建立有效的质量控制。只有符合规定的，才发给许可证，并报国家经委汇总，统一公布名单。生产许可证工作的基本程序分为立项与准备、发证实施、监督管理3个阶段，由申领企业自行报名并缴纳审查费。

企业在申请生产许可证时，首先要向产品归口管理部门提出，并抄报地方经委。产品归口管理部门接受企业申请后，会组织测试、检验单位并吸收企业所在省、自治区、直辖市有关人员参加，对申请企业的有关产品和生产技术条件进行严格检查和评审。

审查组成员一般为3～5人，其中检验单位2～3人，省市计经委质量管理部门和省市机械（仪表）厅局各1人。验收总分为500分，其中质量管理基础工作方面达150分，技术文件方面为110分，设备、工装及检测器具方面为110分，文明生产与均衡生产达80分，人员素质为50分。评分采用扣分办法，每项分数扣完为止，不给负分。总分值在380分以上，即为合格，可以发放生产许可证。

（二）领证契机

为提高柳市低压电器产品质量，1986年当地政府筹建柳市电器总厂，引进6家企业，包括求精开关厂、新华开关厂、万家开关厂、电器仪表总厂等。柳市电器总厂除了为家庭工厂提供技术咨询和产品监督检测等服务外，另一项任务就是帮助有条件的企业申领生产许可证。

1987年初，第三批机床电器许可证发证工作会议在浙江富阳召开。会议第一天，时任机械部质量安全司副司长的曹芳颐通报了全国机电产品质量动态，特别提到柳市低压电器产品存在严重的质量问题。随后，时任机械部产品许可证办公室主任焦平生指派乐清县工业经济委员会工程师周方明、县机床电器厂厂长陈通煜，向曹芳颐汇报乐清柳市低压电器的情况。

周方明提出，在对柳市低压电器实行打击、整顿的同时，要给予必要的帮助和扶持。正如关上一扇门，就要打开一扇窗，不然就会把这个产业打掉、打死，给当地企业和经济发展造成严重后果。机械部要引导企业申领低压电器产品生产许可证，要先扶持一两家企业领证，然后以点带面，允许其生产经营，质量就有望提上去。

会后第三天，曹芳颐副司长来到乐清考察，口头答应，允许部分比较好的企业申领生产许可证。时任乐清县副县长的林建伟交代周方明，一定要将生产许可证拿过来，哪怕只有一家企业开个头也好。周方明根据自己对企业的了解，认为求精开关厂、新华开关厂、万家开关厂、佳利开关厂4家企业可以先创造条件申请。这些企业的负责人比较重视产品质量，拿到生产许可证的愿望比较强烈，成功的可能性也相对较大。

于是，周方明等人马上行动起来。受求精开关厂、新华开关厂、万家开关厂、佳利开关厂4家企业的委托，周方明起草报告，通过乐清县、温州市、浙江省逐级申报，向机械部低压电器产品许可证办公室提出申请。

（三）前期筹备

1986年4月，国务院出台《工业产品质量责任条例》，温州组织乐清的一些个体、私营企业主学习该条例。南存辉厂长报名参加了这次学习，为求精开关厂后来申领生产许可证打了个前哨。

为确保重要工业产品的质量，加强对国家实施生产许可证的工业产品的管理，1987年3月，国家经委、国家标准局等7个单位联合颁发《严禁生产和销售无证产品的规定》，明令任何单位或个人不得生产和销售无证产品。一经查处，即勒令停产停销，并处以相当于产品价值或产品销售额15%～20%的罚款。

对此，求精开关厂做了许多准备，例如，聘请王中江等3位工程师，成立技术班子，创建热继电器试验室，等等。但是，申领许可证需要很多材料，包括企业管理制度、产品图纸、测试报告、产品标准化体系、生产记录、生产设备的台账等等。

1987年10月，求精开关厂制定企业管理制度，落实厂长岗位责任制，明确规定"厂长对企业的产品质量负全部责任"，并提出"质量第一"的管理理念。随后，又明确质量责任制，严格执行工艺纪律，做到"三按"生产和"三不"生产，即按图纸、按工艺、按标准生产和不合格原材料不进行零件生产、不合格零件不进行装配、不合格产品不出厂。不断改进质量，每月召开一次质量分析会。技术人员、检验人员、班组长、操作工人没有遵守"三按""三不"原则操作的，将被扣发奖金。它还完善各类工艺卡，在生产线的每个工位前张贴标准工艺卡，明确每个工序的步骤和要求，以正确指导生产。

求精开关厂除建立热继电器试验室外，还配备了交流接触器生产必备的检测设备，如测力计（测弹簧压力）、铁芯气隙测量装置、线圈匝数测量仪、动作特性试验台、耐压试验台、触头参数测量仪、弹簧测量仪等。

申领许可证期间，由于没有产品图纸，最重要的一个步骤就会被搁浅。据悉，当时购买一套图纸的价格达 28 万元，而一个工人的月工资不足 200 元。求精开关厂决定自己画图，对着实物产品将零部件分解，从正面、剖切面等不同角度，用丁字尺、三角板、圆规等绘画，寻找共同的参数，硬是将这些产品一笔一笔地画出来。对那些有基础但不完整、不统一、不正确的图样，请其他懂行的技术人员一起修改、完善，直至准确无误。

由于生产许可证对产品商标有要求，求精开关厂便开始设计和使用第一个商标——"乐求"牌，取自"乐清求精"之意。该商标设计简单，主要由文字构成，用于获得许可证以后的产品，直到 1991 年才停止使用。

求精开关厂的第一个商标
"乐求"牌

（四）发放生产许可证

做了一系列筹备工作后，1987 年底，浙江省机械工业厅派人来乐清，对几家企业的产品进行初级验收。1988 年初，机械部派审查组前来进行终审验收，由焦平生带队。产品测试由"抽样、封样""收样、样品测试""产品测试报告"等 3 个环节组成，形成的主要工作文件是"产品测试报告"。其中，在抽样、封样环节，所有型号的产品均分型号按电流等级划分几个申证单元，抽样数目按每个申证单元抽取 2 台的标准确定。比如交流接触器的申证单元以 160A 为界，抽查数量为 6～10 台，抽查项目有耐压、温升、通断；热继电器的申证单元以 630A 为界，抽查数量为 6～10 台，抽查项目有温升、耐压、特性（平衡负载）。每个申证单元只抽一种具有代表性的产品。样品必须在申证企业的成品库里按规定的型号规格随机抽取，样品的数量为抽样数量的 10 倍左右。样品封样即审查组在产品包装箱上粘贴封条，封条上加盖省、市技术监督局的公章，并由审查组长签字。产品抽样、封样后需填写清单，一式三份，一份交检测单位，一份交抽样单位，一份交申证企业。抽样单加盖抽样单位和企业公章。然后企业在产品抽样、封样后的 20 日内将样品送达指定的检测单位。

1988 年 1 月 20 日，求精开关厂的产品经审查，符合 JB/DQ4050–81 标准，在乐清全县首批获得机械部颁发的规格为 JR16B–20/3 的热继电器产品的生产许可证。该型号产品于 1984 年开始生产，级数为 3，额定电压为交流 380V，额定电流为 20A。

1988年1月20日，求精开关厂首批获得机电部颁发的全国工业产品生产许可证

同年12月20日，JR16B-60/3型热继电器经机械部华东地区验收组审核验收，符合JB/DQ4050-81标准，再次率先领到全国工业产品生产许可证。该产品于1987年开始生产，与JR16B-20/3型热继电器同为求精开关厂的支柱产品。

1989年，型号为CJ10-10A、CJ10-20A、CJ10-40A的交流接触器符合JB/DQ4044-81标准，均获得机械部颁发的生产许可证。

求精开关厂陆续获得的其他产品生产许可证

此后，只要供销员来联络代销产品，求精开关厂就会附赠一张相应的生产许可证照片，以向他们证明产品质量。求精开关厂的订单量很快大幅增长，经营效益一片向好。

值得一提的是，这段时期，由于受主客观因素影响，虽经多次治理整顿，但质量问题仍然困扰着乐清的民营企业。据1989年时任柳市镇党委书记的赵乐强回忆："那时乌云已经聚拢。我知道这层云如果拨不开，柳市将面临灭顶之灾。打假是我工作的重中之重。我们与本来联系不多的工商所密切联系，它是政府的一把刀，第一线。我们也经常去企业做思想教育工作，邀请企业家到销毁现场观摩。当时不要说产品，光是模具（产品的源头）就清理了一大批。"

1990年，乐清县委、县政府在上级党委和政府，尤其是国家六部局和省市各级政府的支持下，成立规模庞大的工作小组，历时5个月，关闭分散在柳市镇的1000多家无证、无照经营的电器门市部，注销186家"四无"企业，吊销数百家旧货企业的经营执照，实施较大规模的查处活动100多次，查获无证、伪劣低压电器产品4.5万余件（箱），价值600多万元，罚款114万元；公、检、法、工商部门立案179起，处罚和判决了一大批违法违纪人员。

1990年8月17日，还举行了千余人参加的公判大会，震慑了犯罪分子，教育了群众。8月27日，在柳市镇举行销毁大会，对查获的200吨劣质产品进行销毁。10月22日上午，国家六部局工作人员和省市县三级政府联合整顿柳市电器工作队，在柳市召开第一次销毁大会，共销毁各种电器 60 多吨，总价值 5000 多万元，销毁工作直到下午 5 点才结束。

1990 年销毁无证假冒伪劣产品现场

针对假冒伪劣产品和低质企业的"1990 年大围剿"，让乐清的干部、群众开始真正理解"打假"的含义和意义。柳市也从成立低压电器检测中心着手，大力整顿企业和市场，继续打假治劣，并实施扶优工程。这一时期，求精开关厂作为第一批成功申领生产许可证的企业，在国家相关部委和各级政府的肯定和重点支持下，得到突飞猛进的发展，成为柳市电器行业的标杆企业。求精开关厂生产的乐求牌电器产品，在市场上一路畅销。正如南存辉所言："假的打下去，真的扶上来。心存敬畏，才能知止而行；知止而行，才能行稳致远。"

（五）1989 年以后的换（发）证

1989 年，求精开关厂的其他主打产品包括 JR15 型热继电器、CJ10 系列交流接触器、JZ7 系列中间继电器等。这些产品均通过了温州市标准化、三级计量、全面质量管理方面的验收。

1990 年 3 月，因部分生产许可证到期，求精开关厂开始了换证工作。按照申领要求，求精开关厂专门成立技术科，进行专项对接。许可证申领筹备期为 8 个月，求精开关厂成立专门工作小组，进行技术开发。王中江等工程师定期给技术人员做培训，介绍热继电器、接触器的工作原理、生产原理和用途等。据悉，换证期间，图纸先从成都买来，开模前由赵志芬等人将其转化成求精开关厂的标准图纸。如果没有现成的图纸，员工就将产品的零部件逐一分解，测量尺寸，从正面、剖切面等不同角度绘画，将这些产品的形状一笔一笔地画出来，并且按照国家标准附上相关技术参数，最终形成厂里早期的技术图纸。换领生产许可证，成为这一年求精开关厂的头等大事。

1990 年 6 月 20 日，浙江省标准计量局向求精开关厂颁发浙江省企业标准化验收合格证，有效期三年。

1990 年，求精

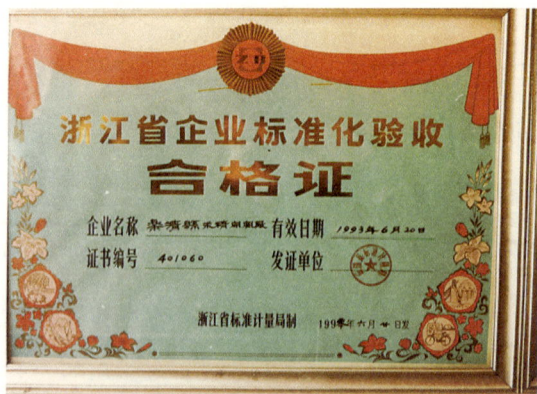

1990 年，求精开关厂获浙江省企业标准化验收合格证

开关厂需要申领 CJ10-60、CJ10-100、CJ10-150 型交流接触器，JR16B-150/3 型双金属片式热继电器和 JZ7 系列中间继电器的生产许可证，为确保顺利通过发证组的验收，求精开关厂于当年 11 月 10 日开启全面行动，并在 11 月 30 日前结束各项准备工作，进行自查评分。厂里按照三批五大项进行具体分工，调整领证小组人员配置。其中，朱梦云、郑余平等负责质量管理基础工作；吴品华、赵志芬等负责技术条件和发证资料编写工作；包启汉、寿国春等负责设备工装和检测器具工作；胡成国、吴德川等负责文明生产和均衡生产工作；张永、朱信敏等负责人员素质提升工作。

1991 年 3 月，浙乐工经鉴〔1991〕第 04 号文件同意对求精开关厂 CJ10-60、CJ10-100、CJ10-150 型空气电磁式交流接触器的鉴定意见。

1991 年 3 月 25 日，求精开关厂 JZ7 系列中间继电器在苏州型式试验站全部通过合格试验。

换证期间，申请资料主要由赵志芬负责提交至全国工业产品生产许可证办公室，然后由机械部的焦平生等人负责审核，审核内容包括技术图纸、实验报告、生产记录、生产设备的台账、生产车间进出物料、生产计划、员工素质等。通过一系列测试后，再由低压电器审查部根据生产许可证办公室批准的"获证企业生产许可证编号"填写证书。之后，赵志芬在位于北京三里河的机械部发证办公室领到后续的热继电器生产许可证，求精开关厂顺利完成换证工作。几十号人上下一心，拧成一股绳，不分白天黑夜，只冲一个目标的努力，终于画上圆满的句号。

1991 年 8 月 28 日，求精开关厂的产品 CJ10-20、CJ10-40 型交流接触器，获浙江省标准计量局发放的浙江省产品质量检查合格证。

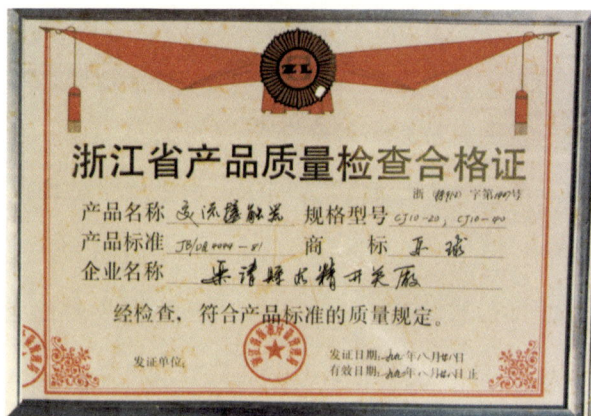

1991 年，求精开关厂 CJ10-20、CJ10-40 型交流接触器获浙江省产品质量检查合格证①

需要说明的是，在领取生产许可证的过程中，求精开关厂得到了时任机械工业部副部长陆燕荪、机械部产品许可证办公室主任焦平生、机械工业部重大装备司处长刘常生等领导专家的指导，以及国家政策和当地政府及税务等部门领导专家的鼓励支持。据刘常生介绍：当时工作人员顶住少数部门要求"一棍子打死"的压力，采取"打击"和"扶持"相结合的做法，关停不严格把控质量的企业，帮扶有心无力的企业，对质量不过关的企业坚决不

———————————

①此图中商标为"乐球"，是发证单位写错了，应为"乐求"。

给许可证，"可帮可不帮的（企业）帮，可上可下的（企业）让它上，可能好可能不好的（企业）一定把它弄好，把它带起来"。而意义堪比求精开关厂"生存证"的生产许可证，也为企业后来的创新发展、转型扩张创造了最基本的条件。

五、引进新技术

求精开关厂创办初期，生产设备短缺，资本实力有限，为了满足生产需要，提高产品质量，打响品牌，一方面需要适当采购先进设备，另一方面需要加快研制公司内部生产所需的工装设备、模具等，对生产设备进行改进。

首先是对流水装配线的改良。起初，求精开关厂的流水装配线主要依靠液压传动，当时的液压机是乐清当地一家工厂生产的，总是发生漏油、零部件损坏等现象，噪声也大。厂家反反复复地修，但情况难有改观，耽误了不少生产时间，影响了生产效率。后来，寿国春等技术人员仔细观察了其中的运作原理，发现有改进空间，便将液压机改装成电动机，彻底解决了漏油等问题。

其次是对热继电器流水线的改装。一开始，热继电器流水线上的电动螺丝刀是挂在工人头顶的，操作起来十分不便。宋佩良和寿国春等人思忖，如果把这个动作去掉，使四肢充分调动起来，一定能大大提高工作效率。于是，他们改为把螺丝刀放置在面板上，通过脚踏控制电源开关。这样一来，产品经流水线传过来时，工人只需要把螺丝放上去一拧即可。虽然这只是一个很小的改进，却提升了 50% 的作业效率。

再者是自主研发设备。申领工业产品生产许可证时有个要求：产品线上要装配电压为 2000V 的内压机，实验室也需要一台。当时，这类设备一般要到上海购买，但工厂技术人员在本地的废旧零件市场买来互感器、调压器、0.5 级标准电压表等零件，自己捣鼓，反复研究，成功设计、改装出一台标准的集动作特性、耐压、机械寿命于一体的出厂试验台，可以做动作特性试验和内压试验，既满足了实验和生产需要，又节省了一大笔购买设备的费用。

最后，更新设备。1991 年，求精开关厂投入 30 万元技改资金，更新工装模具、冲床、点焊机、绕线机、测试台、自动流水线，引进接触器、产品测试、铁芯制造、弹簧制造等 8 项新技术和专业工艺。

1991 年 7—9 月，求精开关厂先后从上海引进国内最先进的 8 台自动绕线设备，对已有的生产设备进行改造和升级。技术科有关技术人员对设备进行调试和安装，改进线圈的生产工艺，使线圈的绕制质量和产量都有所提高，同时减少了原材料的损耗，降低了生产成本，大大提高了企业的经济效益。

一方面，通过加大对新技术和新工艺的投资和引进力度，积极开发新产品；另一方面，通过实施全面质量管理，组织员工参加技能培训。由此，求精开关厂形成了敬畏质量、严抓产品质量的工作风气，以优质的产品和良好的声誉开拓了国内外的广阔市场，《人民日报》等权威媒体赞誉其重塑了"温州电器"的品牌形象。

第四章

架构：生产与管理

一、生产管理

乐清县求精开关厂最初采取的是前店后厂模式，生产管理上主要有 4 个模块，即采购、装配、质检、包装。随着企业的发展，求精开关厂的生产管理实现精细化，逐渐增加了订单管理、设备管理、成本管理、生产技术管理、科技情报管理及尤为重要的全面质量管理等方面的内容。

1988 年前后，求精开关厂设了 2 条生产线，主打产品分别为交流接触器和热继电器。装配车间搬迁至柳市电器总厂，翔杨路和新市街的 2 处车间主要生产零部件，生产出来的零部件运到柳市电器总厂里装配，再经过质检科校验，合格产品包装完成后待客户（供销员）下单、提货，销售到全国各地。

成功申领到生产许可证后，求精开关厂的生产规格提高，产品质量更有保证。而在生产流程中，原材料是保证产品质量的基础。关于原材料白银的采购，早在 1984 年 5 月 24 日浙江省计划经济委

求精开关厂的装配车间

第一条流水线未改造前的工装设计

员会经济研究所出台的《关于柳市专业化商品市场的调查》报告中就有所提及。该报告建议乐清县成立低压电器专业公司，为市场主体提供信息、技术指导和供销服务，并以公司名义争取把市场紧缺的重要原材料（如白银等）列入国家计划分配渠道。当时，柳市根本没有银指标，求精开关厂等企业生产所需的银一般只能通过购买银元、回收报废产品的银触点、收购废旧的银所得。但通过这些渠道采购的银，纯度不够，且采购成本很高，影响产品质量。

为此，政府部门和柳市电器总厂开始想方设法帮助入驻企业解决部分银指标问题。据时任浙江省副省长柴松岳回忆，他先是打电话给时任中国人民银行行长陈慕华，得到的回复是"再研究研究"，他又找到时任中国人民银行浙江省分行行长陈国强了解情况，经过多方沟通，费了一番周折后，总算为浙江省争取到 500 公斤"银指标"。于是，翁礼华（时任浙江省政府办公厅副主任，负责配合中央部委整顿处理乐清低压电器事件）、林建伟（时任乐清县副县长）和黄林涛（时任柳市工业办公室主任）等人立即组队前往北京领取银指标。当翁礼华等人带着这批白银到乐清后，引起很大的轰动。当时这些银不是直接发放到企业，而是先运到专门做触点的工厂加工成银触点，之后企业再根据指标去采购银触点。1991 年前后，求精开关厂生产的 CJ10 系列交流接触器与热继电器都急需原材料白银。虽然这点银指标对企业来说是杯水车薪，但其透露出一些有利于民营企业发展的信息，即国家政策已经开始松动。有了银指标，企业就可以介绍自己生产所需的银材料是由国家供应的，进一步证明自己的产品质量是合格的，以此提高企业的信誉度。后来，中国人民银行浙江省分行一年会召开一次白银计划会议，下拨"银指标"。几年下来，乐清共获得 200 公斤"银指标"。

1990 年，求精开关厂出台了生产质量管理方面的规章制度，涉及从厂长到流水线操作员等各个层面，规定："保证质检网络健全，配备质检专职人员和负责人"；"班长要教育班员树立'质

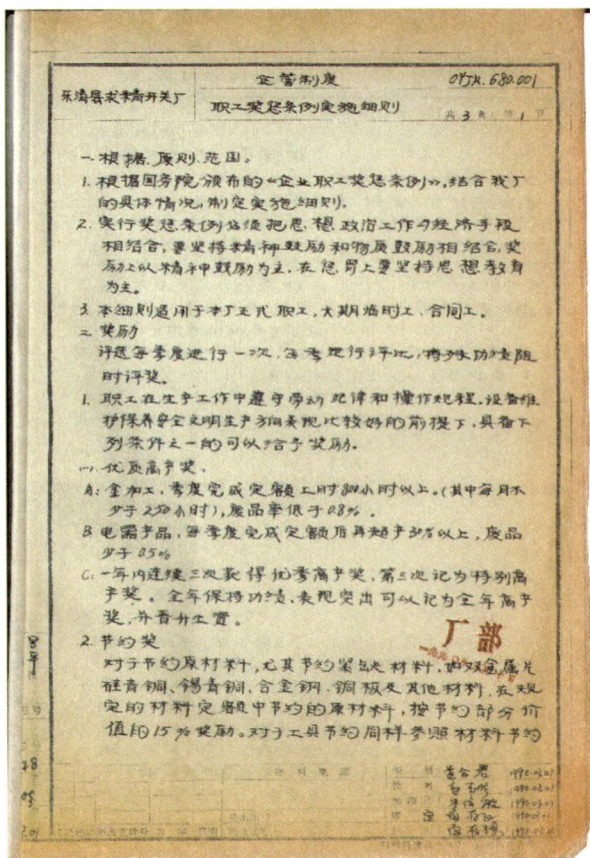

求精开关厂时期，第一本手写的企业管理制度原件

量第一'的观念，做到自检、互检、首检，按图纸、按工艺、按标准生产，严格工艺纪律，注意文明生产，按质、按量、按时完成生产"；对于操作工人，"零部件和产品出现质量问题扣发奖金"，"抓好售后服务，不断听取客户意见，改进质量，做好质量信息反馈"，"有关质量信息和处理做好汇总"，"不断改进质量，每月进行一次质量例会"；等等。

例如，当时采购科科长的日常工作就包括跟踪库存，根据实际情况开出调度表，安排生产任务；明确第一优先生产级、第二优先生产级等；再根据生产调度表制订采购计划，明确需要采购的各种零件的型号、数量等，包括弹簧、线圈漆包线、银触点、胶木件、标签、焊锡、包材等。采购科科长必须对各种零件一清二楚，以确保库存与生产需要时刻保持动态平衡。

1991年，求精开关厂专门设定了针对新产品研发周期和市场化推广的目标，以确保生产的顺利推进。具体为：一年试制，两年成批，三年成为支柱。效益目标是一年试制投入，两年成批保本，三年成批生产，带动一批协作厂共上新台阶。后来还逐渐形成"三代一淘汰"机制，即生产一代，研制一代，储备一代，淘汰一代。

1991年1月1日，求精开关厂着力推行全面质量管理工作，成立全面质量管理（Total Quality Control，TQC）小组，配备三级管理人员，明确质量分管任务，由专人专责重点抓。由厂长南存辉担任TQC小组组长，胡成国、南存飞担任副组长，包秀杰、朱信敏、吴品华、吴雅洁、包启汉、施成乐、包秀东、吴德川、娄合君等9人为小组成员。

乐清县求精开关厂文件

乐精开（91）002号

★

关于成立全面质量管理小组及三级管理人员配备的

决　定

各科室、车间：

全面质量管理是实现企业科学管理的中心环节，它是提高企业素质，任务落实到基层的一个重要措施。一件打基础的工作，为了认真贯彻党和国家对质量工作的方针、政策和法规，积极推行全面质量管理活动，切实提高我厂产品质量，现经厂部研究决定，在厂长直接领导下，成立全面质量管理领导小组，并配备三级管理人员如下。特此决定。

一、TQC领导小组：

组　长：南存辉；

副组长：胡成国　南存飞

成　员：包秀杰　朱信敏　吴品华　吴雅洁　包启汉

施成乐　包秀东　吴德川　娄合君

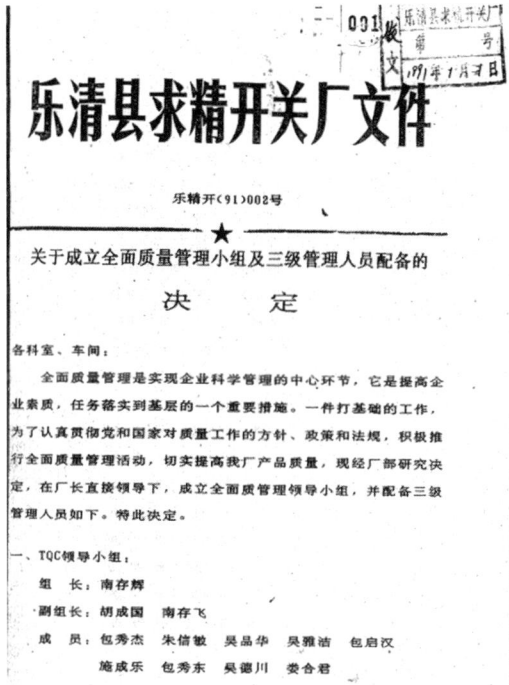

1991年求精开关厂关于成立 TQC 小组及三级管理人员配备的决定

全面质量管理机构及三级管理人员配备框架图

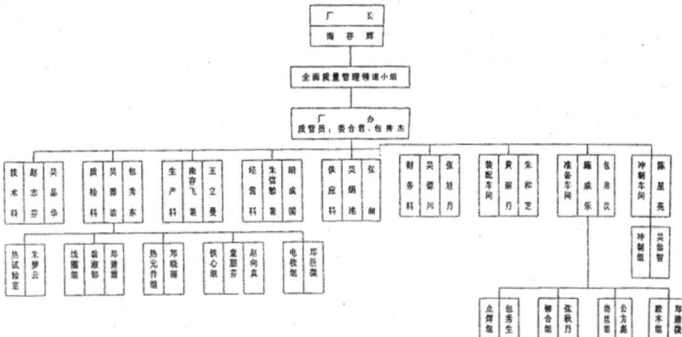

1991年求精开关厂的全面质量管理机构及三级管理人员配备框架图

得益于生产研发管理和全面质量管理工作的扎实推进，1990年后，求精开关厂产品的良品率几乎达到100%，产品利润率约为20%。

1991年1月5日，为全面加强质量管理工作，继续健全各项管理工作，有秩序地组织和领导生产，经厂部研究决定，求精开关厂设置技术科、质检科、生产科、经营科、供应科、财务科、厂办等职能部门及冲制车间、装配车间、准备车间3个车间，并明确由正副科长、正副主任负责领导各自部门开展工作。

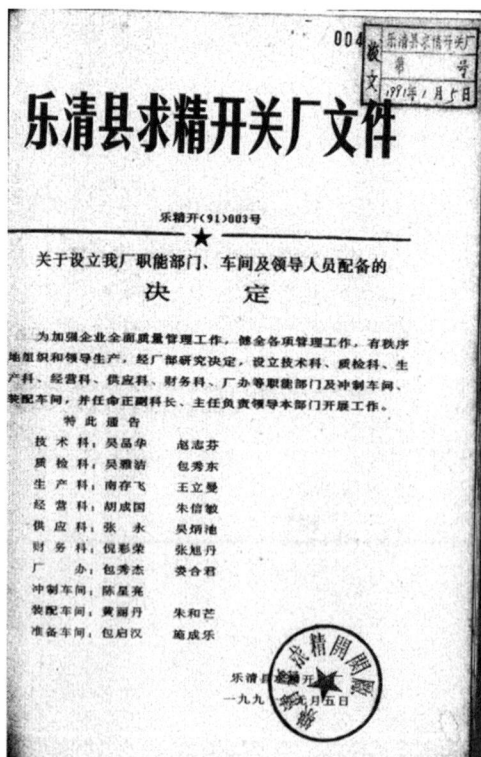

1991年求精开关厂关于设立职能部门、车间及领导人员配备的决定

全面质量管理要求企业必须重视产品的售后服务工作，以优质的服务获取更多的客户，拓宽产品销售渠道，赢得更大的市场，从而提高企业的经济效益和社会效益。经厂部研究决定，在经营厂长的领导下，求精开关厂设立了客户服务机构，由胡成国担任组长，朱信敏为副组长，其他成员8位；相关科室有技术科、质检科、生产科、车间。

1991年1月7日，为搞好信息收集工作，求精开关厂设立质量信息管理机构，由南存辉任组长，相关科室负责人为主要成员，

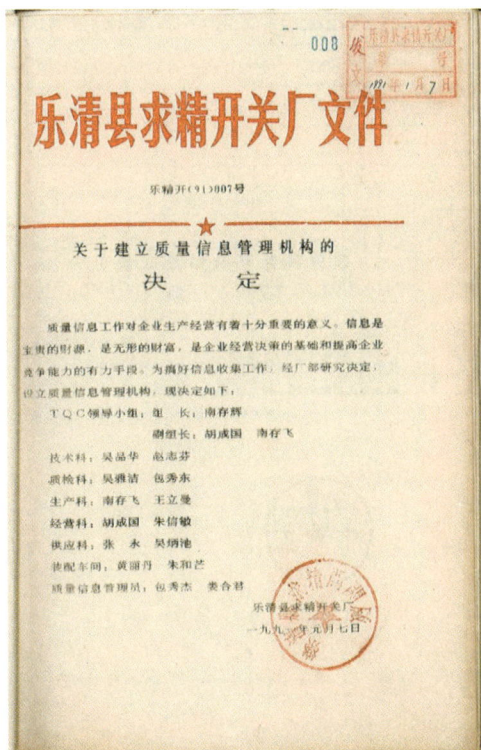

1991年求精开关厂关于
建立质量信息管理机构
的决定

明确厂办正副主任为质量信息管理员，多管齐下，各项措施并举，主要领导干部全程参与，从各个环节确保产品质量。

这一时期，为适应市场发展新形势，增强工人生产技能，提高效率，求精开关厂开始实施标准化管理制度。1991年1月7日，在下发多项全面质量管理相关文件的同时，求精开关厂设立标准化管理机构，编制专人专责的标准化管理网格；常年聘请上海等地的企业厂长、工程师、专家共7名作为指导员；在企业内部建立技术标准化工作体系，并设立专项技术开发基金。

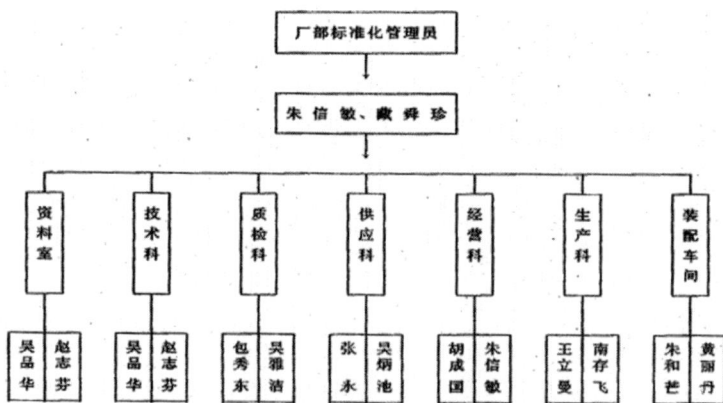

1991年求精开关厂标准化管理网络框架图

1991年1月10日，为配合标准化管理，方便标准化资料文献的搜集和整理，求精开关厂决定在各车间及各科室设立资料员这一岗位，并由吴品华、赵志芬负责全厂标准化资料文献的管理等工作。

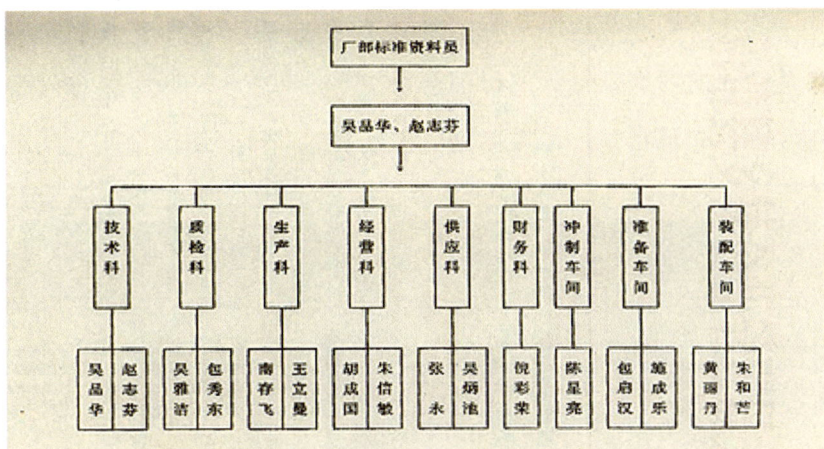

1991 年求精开关厂的厂部标准资料员名单

1987—1991 年，求精开关厂发展迅猛，在严厉的打假和整治中反而因产品质量过硬和持证生产经营而享誉市场，赢得客户的认可，得到有关部门的重点支持。一时间，市场上出现大量仿冒的求精开关厂产品，严重影响求精开关厂的信誉和利益。1991 年 10 月 10 日，求精开关厂决定对包装材料和标牌进行控制。同时，为了提高包装质量，要求包装的成品必须加盖包装工号，具体措施包括标牌由专人管理；负责人根据所需要的数量从仓库领出标牌后，签发给各组使用；若因标牌印刷质量问题或使用不慎造成破损，可向仓库调换等。

1991 年，技术科资料室对全厂的基建档案、产品图样及技术资料、科研档案、经营档案、图片资料、实物档案、人事档案、行政档案等几大类档案进行分类管理，并且做好全厂图片资料和技术文件的收发工作。

此外，从创办之初开始，求精开关厂就形成了召开生产车间班前会议的习惯。每天的班前会议主要是布置生产任务，分配装配零部件和原材料。如果遇到流水线技术问题，则由车间主任出

1991年求精开关厂一季度工作总结会议现场

求精开关厂质检科在生产管理过程中反馈的问题

求精开关厂对质检科所反馈问题的答复

面解决，车间主任处理不了再由技术专家负责处理。同时，根据每周、每月、每季度的生产情况，定期召开员工会议，总结生产经验，促进相互之间的交流学习。

1991年12月18日，针对机械部生产许可证工作组对工厂有条件验收后提出的3条整改意见，求精开关厂进行讨论、研究，弄清存在的问题，并逐条分到具体部门，由专人负责落实整改。12月23日，求精开关厂即出具书面报告汇报至乐清县电器工业总公司、浙江省机械工业厅、浙江省工业产品生产许可证管理办公室，请求上级部门查验。具体整改情况如下表所示。

整改项目	存在问题	原因分析	整改措施
1. 改变目前两套管理方法为一套管理方法	1. 一个厂下面，有两个独立又有联系的车间 2. 设备两本台账，管理两种格式	1. 租用民房，厂房分散，管理不集中 2. 存在两个车间体系	1. 集中作业，集中统一管理，编制统一的管理制度 2. 设备台账变二为一，设总台账一本，下分两本台账
2. 补齐常规检验项目，明确工序间检验项目	1. 外购件较多 2. CJ10装配加工工序间检验未标具体的检验项目 3. 冲制加工工序间检验未具体标明检验尺寸有几项	1. 外购件检验项较多，遗漏一部分应检的常规项目 2. 装配工艺过程卡上已标上检验要求，但未标明具体哪几项 3. 原来冲制后制件的尺寸都列入检验项目，工作烦琐，未标明哪些应检，哪些不必要检	1. 会同技术科、质检科，对外购件常规检验项目罗列明细表，并落实执行 2. 更改工艺工程卡，标上检验的具体项目，由技术科、质检科牵头 3. 对冲制件检验尺寸，参照工序卡，注明主要尺寸，列入检验项目

续　表

整改项目	存在问题	原因分析	整改措施
3.加强外协件质量控制及检验	1.外协件、零部件在某些地方存在尺寸偏差 2.外协件质量波动大 3.对外协件质量控制及检验工作执行情况差	1.零部件基本是外协 2.外协件的质量控制及检验工作比较繁重 3.外协加工点离厂较远，不便控制	1.同外协加工点签订生产技术协议书，按图纸生产，按标准检验 2.定期派检验员到加工点进行检验工作

二、销售管理

求精开关厂创办初期，采取的是典型的前店后厂的经营模式，在厂房的一楼设有电器柜台。后来租用柳市电器总厂大楼二楼，其间，求精开关厂成立销售科，专门负责与供销员接洽下单，产品货款一般也是现结现清。同期还在总厂大楼门口东边设有一个柜台。1990年6月20日，柳市第一座电器城正式开业，求精开关厂便在柳市电器城设置了柜台。

求精开关厂设在新市街的电器柜台

20 世纪 90 年代前后，市场经济日渐繁荣，随着轰轰烈烈的建设浪潮的掀起，国内低压电器产品处于卖方市场，市场需求大，品种规格繁多，质量参差不齐，价格更是五花八门；而厂家生产的产品，大多需要依靠主动上门采购的供销员销售出去。起初，供销员拿着厂家的实物产品跑市场；后来，产品种类越来越多，供销员转而依靠企业宣传册来向客户推销产品。

求精开关厂早期的宣传册，主要由企业自主设计和排版，这样一个简单的过程，在当时却颇费周折。因厂里并无广告设计专员，这项工作一开始由技术员寿国春统筹兼顾。据寿国春回忆，他先是整理公司介绍和产品说明；再拍摄产品图片，打字排版，审核材料；然后请专业人员设计商标、文字和图片；最后，样本上色，调色喷绘。一步一步下来，既严谨又规范。其中，吴炎书记、其女儿吴敏洁、温州青年画家叶向荣等多有帮助，"后来南董看到彩色的样本，觉得各方面都挺好，尤其是商标的颜色绚丽明艳，让人过目不忘，当场决定首印 5 万份"，寿国春说。从此，求精开关厂的几万名供销员可轻便地携带这份产品说明书向客户介绍产品，全力拓展销售业务。

由于当时的电器产品主要靠温州"十万供销大军"往外推销，求精开关厂根据供销员是否敬业和诚信等，采取区别对待的策略。比如，对那些信用良好、诚实经营的供销员，可准予他们赊账销售；对那些拖欠货款、弄虚作假的供销员，则要求他们必须钱货两清。在年底的客情维护上，表现好的供销员会收到求精开关厂的纪念

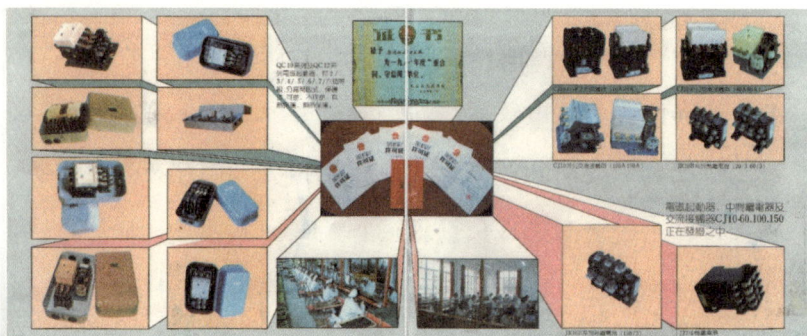

乐清县求精开关厂早期的产品宣传单：外页（上图）和内页（下图）

礼品，表现差的供销员则被要求清付账款。长此以往，在优胜劣汰的法则下，供销员队伍的整体素质有了大幅提高，确保了产品销售渠道的畅通。

求精开关厂在后期还采取措施吸收和凝聚当地一批优质经销商，率先组建自己的销售网络。据朱信敏回忆，当时柳市有几十家经销商，为了不打草惊蛇，让竞争对手抢占先机，他们采用"不鸣则已，一鸣惊人"的策略。经过调查摸底，求精开关厂先和20多家较有实力的经销商谈好合作方式，全部签下合约。等其他企业反应过来，设法请经销商加盟时，它们发现去找这家谈不行，去找那家谈也不行，整个片区的优质经销商都已归入求精开关厂旗下。而正是柳市最初的这批经销商，日后成了正泰庞大的营销网络中的"种子队"。

为适应经营扩张和业务发展的需要，1991 年，求精开关厂提出设立"二部二处"，即总厂门市部、电器城门市部、开单收款处、提货处，配备经营人员 6 人。据统计，"二部二处"仅 1991 年接待客户就达 4000 多人次，单次最高购货额达 5 万元，单次最低购货额为 11.7 元，比 1990 年平均单次购货额增长了 75%，产品总销售量与 1990 年相比增长 3 倍。

同年，求精开关厂组织人员到南五省、东三省、华北和华南等地区进行市场调查，走访北京、无锡、天津等地销售能力强和知名度高的 12 家电器经营部。1991 年，求精开关厂引入北京等地的 3 家经营部，签订 124 万元供货合同，占当年总销售额的 12%。

同时，求精开关厂还建立合同管理制度，指定兼职人员对合同进行严格管理，并设立合同台账和供货计划通知单，针对每份合同和订货清单上的数量，出具具体的供货计划，以确保在提货日期内正常供货。

1991 年，求精开关厂成立售后服务小组。客户购买的产品若出现质量或其他方面的问题，售后服务小组在接到信息后，会立即指派技术人员上门对该产品进行调查分析，处理质量问题，以消除客户的后顾之忧，树立良好的市场口碑。

同年，求精开关厂建立客户信息档案，通过市场消费需求调研和分析来调节旺季和淡季的产品供应，并采取了灵活的销售技巧和策略。例如，本着合作共赢的原则，允许特定经销商向其他厂家采购求精开关厂没有的产品，若求精开关厂有该产品则必须按协议采购求精开关厂的产品，求精开关厂则会给予适当的账期优惠。

针对一些经销商和供销员经常赊账、拖延付款的问题，求精开关厂开创了"利润—利息二收法"，即一方面鼓励钱货两清，现金交易；另一方面，如果对方实在周转不开，赊账超过一年，就按照产品原价适当让利几个点，但拖欠的账款必须支付利息。也就是说，对方有钱，企业就赚利润；对方没钱，企业就赚利息。这样做虽然让渡了部分利润，但企业还是有钱赚的。如果对方欠款到第二年，就再多让一个点的利润，但利息需要累加。如此一来，习惯现金交易的供销员就会主动到求精开关厂进货，同时还可以享受优惠折扣；习惯赊账的供销员则会转向其他厂家进货，因为它们不收利息。尽管让利后的货款降低，但迅速回款的却是真金白银。薄利多销，互利共赢，是求精开关厂和经销商长期合作的基础。

三、人事管理

乐清县求精开关厂前期的人事管理工作，主要由企业合伙人及其家族成员担任，没有设置专门的人事管理部门，也没有专门负责招聘、培训等工作的人员。

当时求精开关厂主要分为生产、供应、销售、技术等模块，重要人员设置包括厂长、副厂长、会计、车间主任、班组长、仓库保管员等。比较常态化的人事工作包括人员招聘、档案保存、人员调配、职务变动、岗位调整、工资计发等。企业领导与企业一线员工同心同德，吃在一起，住在一起，干在一起，关系非常融洽。

（一）人数变动

20世纪80年代初乐清县求精开关厂创办早期，人数较少，办公场所主要设在创始人南存辉和胡成中的家里。随着求精开关厂的发展壮大，1988年员工增加到40人。厂里员工大多为初中毕业，年龄在十几岁至三十几岁之间，女工相对多些，男女比例大约为4∶6。

到1988年的时候，求精开关厂搬迁至柳市电器总厂。同年，求精开关厂设置了厂长办公室和会计办公室两个办公室。厂长办公室负责采购、安排生产、人员调度等，并设副厂长负责销售管理和客情维护等；会计办公室则由会计、出纳负责开单、收款、工资核算与发放等工作；其他工位的管理人员都集中在一个大的公开场地办公。

1991年底，整个求精开关厂已经拥有200多人，比1988年增加一倍多，成为当时乐清本地规模较大的、业界知名的低压电器生产厂家。据吴德铨生前回忆："最开始，厂里几个员工就靠一个电饭煲，吃住都在厂里。再后来，人员增加到 10 多人，厂里又添置了 1 个电饭煲。到了 1988 年，人员增加到 40 人，电饭煲也增加到了 3 个。1990 年左右，全厂职工发展到 100 多人，几个电饭煲不顶事儿了，便有了简易的职工食堂。这就是后来人们常说的正泰创业初期'三口锅'的故事。"

（二）人员招聘

求精开关厂初创期，主要通过 2 个渠道招聘人员，方式比较传统简单。

一是老板亲自聘请，所招员工多为会计或技术性人才。例如，1986 年 58 岁的"会计公"吴德铨在乐清县生产资料公司党支部书记任上退居二线，应邀加盟创办不久的求精开关厂，担任财务经理。他是求精开关厂初创期也是正泰创业史上第一个具有会计资格的财务人员。1986 年，南存辉从上海聘来王中江、宋佩良和蒋基兴 3 位工程师，他们成了求精开关厂的技术奠基人。随后陆续加入的一些科技人员，共同为求精开关厂的技术开发打下了基础。

二是通过求精开关厂内部员工的相互推荐、介绍，所招员工大多是乐清本地人。例如，正泰大股东之一、人称"老倪伯"的倪彩荣，就是经由在求精开关厂做后勤工作的妻子介绍，于 1988 年进入厂里的。此外，现已成为正泰电器股份有限公司管理干部的赵志芬（1989 年进入求精开关厂），以及现任上海电气股份有限公司生产采购部总经理的寿国春（1990 年进入求精开关厂）等人，都是通过别人介绍，再经面试进入求精开关厂的。

　　1990 年以后，求精开关厂的员工招聘逐渐由内部介绍转到面向社会公开招聘、择优录用，因此也有一部分人是看到张贴的招聘启事等慕名而来，通过自主求职途径进入求精开关厂的。

　　当时，无论是他人推荐还是自荐，应聘者都必须先填写一份"职工意念表"，当场填完后，再由副厂长或厂长亲自面试。由于用人相对紧张，当时对员工的要求并不是很高，面试通过即可直接上岗。对于流水线上作业的新进职工，厂里会指定一位老师傅帮教带领，一般通过几个小时的学习，新进员工就能在生产线上从事生产作业。

求精开关厂时期的"职工意念表"

（三）工作职能

　　求精开关厂成立初期，绝大多数事务由厂长亲力亲为，员工的岗位职责并不单一固定，哪里需要就去哪里协助工作。比如寿国春，他进入求精开关厂时的岗位是电工，但他除了负责修理电器设备之类的工作外，其他的工作诸如修理玻璃、门锁等，也会承担。所有琐碎的杂活都可能会找到他，厂里缺少搬运工的时候，还会安排他和其他男职工临时充当搬运工。

　　由于没有明确的岗位职责和人员分工，大家共用一个办公室，员工之间的沟通交流既随意又有效，一些工作任务，大家通力合作完成。例如，倪彩荣进厂不久，发现厂里许多人财务观念淡薄，借还物资相当随意，于是便和吴德铨一起着手建立基础账册，实行物资盘点制度，用算盘记账，一笔出一笔进，做到条条明晰，由此开启了正泰最早的会计制度。他们平时除了要做财务工作外，还要做采购零部件的工作，按清单到柳市街上采购螺丝刀、老虎钳等小工具，分配给员工使用。

赵志芬回忆："当时员工不会把工作边界分得太清，做的工作相当庞杂。因此，厂里大多数岗位（我们）都体验过，如生产、财务、质检、技术等，当时虽然累些，现在想起来却是一段宝贵的经历。"虽然身兼数职不等于一技多能，但这样做能够锻炼员工，使其更好地熟悉其他人的工作，同时也提高求精开关厂的生产和运营效率。

到 1990 年，随着员工人数的增加和企业规模的扩大，求精开关厂的人员职能逐渐细化，员工岗位职责日趋规范化、制度化。例如，技术科的张艳负责生产技术，质检科的吴品华负责产品质量检测，销售科的张赛琴负责单据管理，生产科的胡成国负责生产流程管理，采购科的包秀杰负责生产采购，其他如包秀东负责仓库管理，陈艳负责出纳工作，车间主任张燕负责流水线管理，等等。

（四）培训和赏罚

求精开关厂成立初期，员工培训多采取"师徒制""老帮新""干中学"等方式，年轻人更需要的是自觉学习的悟性和日常的积累总结。例如，负责财务工作的年轻会计、出纳人员，因为不是科班出身，对厂里情况也不熟悉，老师傅们就手把手地教，指导他们一点点学会。

王中江、宋佩良和蒋基兴3位工程师进入求精开关厂后，多次给员工讲课，开展产品知识、生产知识、安全生产等方面的培训，涉及热继电器、接触器的原理，产品的生产流程、用法用途等。培训结束后，厂里还会进行考试，敦促大家认真学习，切实提升技能。厂长还会定期带领员工外出参观和学习，开阔眼界，交流生产管理经验，比如去上海等地考察学习。

1991年3月20日至25日，求精开关厂组织人员参加了由国家检测中心、机械部发证组组织的发证培训学习，这次集中培训规格较高，为求精开关厂的领证验收工作打下了基础。

1991年4月中旬，技术部门召开中间继电器产品鉴定会，准备整理发证资料和有关记录，迎接5月份机械部发证组的验收，并有计划地组织职工学习，学习内容包括产品知识和专业制造工艺，如成品出厂方面的工艺要求和线圈绕制工艺等。

为提高装配人员、检验人员的业务素质，技术科资料室专门收集了269份有关求精开关厂产品的标准，与质检科、生产科一起，在1991年9月27日组织全厂装配人员、检验人员学习。培训内容包括：（1）安全用电常识；（2）CJ10系列交流接触器的性能用途及工作原理；（3）产品的检验方法；（4）常见故障及原因分析。

此外，1991年全年还举办了3次主要面向经营人员的业务和知识培训，使每个经营人员都清楚产品性能和使用范围，对顾客的询问能做到对答如流。大大小小的各类培训，不仅调动了员工的积极性，增强了员工的生产和业务技能，而且形成了良好的学习氛围，夯实了求精开关厂的技术实力和员工的知识储备。

赏罚分明、奖优评先，一直都是求精开关厂人事管理的一项重要内容。求精开关厂定期举办优秀高产奖、全年高产奖、车间级先进生产者、厂级先进生产者、县级先进生产者、先进个人等不同级别的评优活动，以表彰在工作中做出表率和突出贡献的员工。除授予他们荣誉以外，还给予相应的物质奖励。比如1990年，求精开关厂对评上先进的人员发放证书、杯子、脸盆等物品。

每逢春节等传统佳节，求精开关厂还会给员工发放粮油、毛巾、茶杯等生活物资，以此作为员工福利。

求精开关厂奖励给先进工作者的纪念品——搪瓷杯和脸盆

求精开关厂自1988年成功领取许可证后，订单迅速增加，工人晚上加班加点的情况较多，周末也经常需要加班。1990年，求精开关厂出台《厂规暂行条例细则》，在上班打卡、迟到早退、旷工请假等劳动纪律，以及安全生产和企业保卫等方面做了比较细致的规定。在实际执行过程中，则实行人性化的管理，惩罚情况主要依据工人所生产产品的数量、质量等，特殊情况请假等一般不会额外克扣工资或予以处罚。

（五）薪资及其他

在薪资待遇方面，求精开关厂参照当时的地区和行业标准，结合企业的实际情况，实行同工同酬、不同岗位差异化报酬的做法。据悉，老会计和技术工程师因人才紧缺，资历深，资格老，月工资在 200 元以上，一般员工的月工资则在 70—100 元不等。

工资制度采用打分制，员工根据分数领取对应的工资。评分内容主要包括岗位、能力、平时差错率等，有一个小黑板公开记录，做到透明公正，有理有据。工资发放时会有一张工资单，上面注明部门、姓名、职务、在职天数、工龄及交通、伙食、卫生补助费等，一目了然。

在工作着装方面，1988 年后，求精开关厂要求工人身穿统一的白色工作服上班。同时，制作刻有"乐清县求精开关厂"的胸牌，规定员工上班时必须佩戴胸牌进厂。

第五章

溯源：企业文化

在求精开关厂时期，工厂主要围绕生产和经营活动展开工作，并无企业文化的提法，也没有专门负责企业文化建设的部门，但在经营实践中形成的一些思想观念和行为习惯，已经具备现代企业文化的特征。求精开关厂时期形成的思想和行为模式，正是正泰独具特色的企业文化的重要内涵。

一、艰苦创业的精神

在 2015 年 6 月举行的首届"正泰文化大讲堂"上，南存辉董事长明确提出，正泰文化本质上是一种艰苦奋斗的"创业文化"。这种艰苦奋斗的"创业文化"，正是起源于求精开关厂时期。

求精开关厂初创时，厂里工作环境较差，办公条件简陋，员工经常同吃一锅饭，饿了吃上一口，累了就在墙边一躺，眯一会儿，醒过来接着干。员工大多年富力强，冲劲也足，经常加班加点赶生产，甚至把南存辉父亲的家当成了集体宿舍。

当时一没技术二没资金，为了使企业能够生产出更高质量的产品，聘请技术专家迫在眉睫，南存辉等人多次不辞辛劳，往返于上海与乐清之间。他前往温州望江路码头坐船，或者有时候从上海坐船回到温州后，路上没有回柳市的汽车，就搭乘过路的拖拉机，站在上面迎着寒风赶一二十里。

在日常生产管理上，南存辉等创始人亦身先士卒，以身作则。1989 年，乐清县求精开关厂提出"重合同守信用"的经营口号。

为了保质保量地完成生产任务，全厂上下经常加班到深夜，却无一人喊累。而南存辉本人只要一闲下来，就会在生产任务紧迫时直接坐到生产一线，和工人们肩并肩一起作业。

据悉，当年宋佩良和南存辉父亲是同吃同住的至交。那时条件差，宋老理解南厂长的难处，南厂长让他住宾馆，他不去，却住进了南厂长父亲的家里。宋老从不讲究吃喝，粗茶淡饭足矣。如果遇到请客，南存辉总是想叫上宋老他们，但他们总是找借口避开：一是宋老认为南厂长经济相对拮据，少一人就省一点开销；二是宋老也不主张南厂长请客，他认为那有点儿铺张浪费，钱应该全部用在刀刃上。求精开关厂不畏艰苦的创业精神，由此可见一斑。

二、精诚团结的风貌

创业初期，资金有限，为了扩大再生产，特别是为了建立热继电器试验室、申领生产许可证等，几位合伙人好几年都没有领工资和分红。"会计公"吴德铨等还主动提出暂不领取工资，把他们的工资用于厂里运作。

为了给企业省钱，也为了提高工作效率，王中江、宋佩良和蒋基兴3位技术工程师吃住都在厂里。白天在车间工作，到晚上就地一铺，便成了"卧室"，他们与南存辉等人之间演绎了一段"地铺之交"，也成就了前辈资深工程师和年轻有为的创业者之间的一段佳话。

1987 年热继电器试验室建成并投入使用后，技术人员更是夜以继日地搞实验、做测试，南存辉等厂领导则经常过来询问有什么需要帮忙的。有时工程师们加班到很晚，南存辉就让伙房煮上几碗热腾腾的面条，送来给大家当夜宵；遇到一些棘手的问题，就随时组织生产、销售、技术人员"会诊"，群策群力解决问题。厂长、技术人员、员工之间关系融洽，沟通顺畅，有些员工向南厂长反映问题，直接就称他"存辉"，非常亲切。

求精开关厂时期，员工之间的团结互助蔚然成风。员工在完成自身工作外，只要工厂需要，就会主动承揽其他事务。例如，寿国春的初始岗位是电工，负责电路布置、电路管理、设备安装等工作。但只要有空闲，厂里的其他工作他都会义不容辞地去做。据说，有一次他看到装配线上扔着几十把用坏的气垫螺丝刀，就主动去修，一个上午修好十来把，为厂里挽回 3000 多元损失。

遇事不推卸责任，工作不拘泥于自己的"一亩三分田"，这批涉世未深的年轻人，求知欲强，学习兴趣浓，工作中的一切都让他们感到新奇，谁都想亲手试一试，求精开关厂里里外外洋溢着一股肯干能干、互相鼓励、共同进步的工作风貌。

在团队建设方面，求精开关厂也有一些具体举措。例如，1989 年"三八"妇女节，厂里组织了一场女职工拔河比赛，欢声笑语一片。又如 1990 年，考虑到厂里的很多职工是"小年轻"，求精开关厂特意组织了一次"职工家长会"，邀请员工家长来厂区参观、座谈，以更好地了解员工的生活、工作情况，并且听取员工家长对厂里的建议。南存辉等企业领导与职工家长坦诚交流，悉心听取家长意见，同时在家长中间做了一些调研。这种互动方式在当时可谓令人耳目一新，取得了很好的效果，使整个求精开关厂的凝聚力得到进一步增强，厂就像一个大家庭。

1990年求精开关厂"职工家长会"合影

1991年，求精开关厂引入民主监督与管理机制，鼓励员工积极参与到企业管理中，并成立了工会；同年，隆重举行年度工作总结表彰大会，评选企业"先进个人"，并给予奖励，以激励员工。

此外，求精开关厂还在车间的墙上定期出黑板报，张贴企业规章制度、重要通知和生产知识等。在天气较好的时节，组织员工踏青郊游或短途出游等，丰富员工的业余生活，释放员工的工作压力，拓展员工的交流空间，增进员工之间的了解和友谊。

1990 年求精开关厂全体职工春节合影

1991 年度工作总结表彰大会上，求精开关厂全体职工齐聚一堂

三、"质量第一"的理念

　　1984 年 7 月，乐清县求精开关厂成立时，震惊全国的"八大王"刚获平反不久，经历低谷的乐清低压电器产业获得新生，一时间

柳市的电器门市部遍地开花，有 1000 余家。但是，由于生产条件落后、管理意识淡薄、技术人才匮乏等，绝大多数电器产品质量低劣，以旧翻新、偷工减料、假冒伪劣成风，柳市电器行业饱受各界批评和抵制。

在此背景下，求精开关厂取名"求精"不无深意，它充分体现了企业创始人的经营理念，就是要"精益求精""追求精品"，以过硬的产品质量立足市场，赢得客户。

当时，王中江作为总工程师，带头重点抓产品质量。他来到温州后，尤其是在了解到柳市低压电器行业"假冒伪劣"横行的状况后，认为规范生产技术刻不容缓，把研发和打造质量过硬的产品作为第一要务。蒋基兴则是一位"种德养心"之人，这和南存辉厂长奉行的中国优秀传统文化不谋而合，两人从陌生到熟知，再到互相扶持，无形中结下了亦师亦友的情谊。南存辉厂长对"假冒伪劣"的深恶痛绝，在"质量立企"上的坚定立场，都引起蒋老的强烈共鸣，打动蒋老等工程师和他并肩同行，"精益求精"也成为后来正泰人的不懈追求。

1987 年，求精开关厂出台的企业管理制度中明确提出"质量第一"的经营理念，并被正式写入公司制度。

1988 年，求精开关厂设计"乐求"产品商标，这里面的"乐"有乐清、快乐的意思，"求"有追求、求精的意思。该商标以地球形状作为主体，寓意求精开关厂的追求是以质量取胜，志在未来，走向全球。为此，求精开关厂采取了一系列措施，使"质量第一"

的理念体现在企业的方方面面，真正深入员工的心里。例如，当时在生产车间里张贴"一丝不苟，精益求精""奋勇拼搏，求实创新"等醒目标语；把印有"乐清县求精开关厂"标记的定制脸盆、茶杯等生活用品，作为奖品奖励给员工，并以纪念品的形式送给客户或供销员，等等。

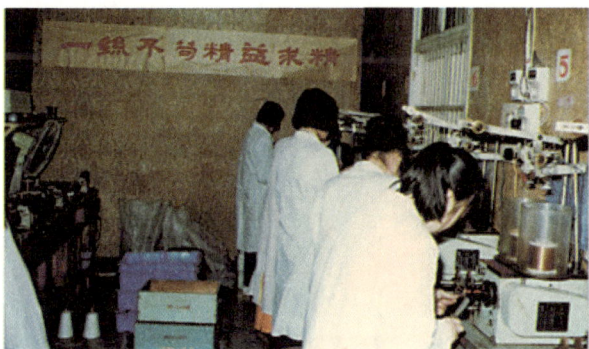

求精开关厂生产车间里悬挂的"一丝不苟 精益求精"标语

求精开关厂外部墙体粉刷的"市级先进企业"和"重合同守信用"标语

坚守质量、信守品牌的求精开关厂，凭借质量过硬的产品在众多同行企业中异军突起，不断获得各级政府部门授予的众多荣誉，为后来跨越式的发展铺平了道路。

1988 年 9 月，求精开关厂分别被乐清县人民政府和柳市镇人民政府评为 1987 年度"先进单位"。

1989 年 11 月，浙江省低压电器情报网向求精开关厂赠送"互相交流 促进求精腾飞"的锦旗。

1990 年，求精开关厂被温州市人民政府评为 1989 年"市级先进企业"。

1991 年 1 月，求精开关厂同时被乐清县人民政府和柳市镇人民政府评定为 1990 年度"先进单位"，柳市区工办、区公所向求精开关厂赠送"九〇年度先进单位"锦旗。

1988—1991 年间求精开关厂荣获的部分锦旗

第六章

记忆：亲历『求精』

一、求精开关厂后期的"营销之道"

朱信敏 / 口述

朱信敏，男，1965年出生，大专学历，高级经营师。1990年至1991年担任求精开关厂的销售负责人；1991年之后曾担任浙江正泰集团公司董事、副总经理、

朱信敏近照

副总裁、总裁等职务，曾获"浙江省第四届经营管理大师"称号和浙江省第十三届企业管理现代化创新成果一等奖等荣誉，历任乐清市政协第九、十届常委、温州市国际商会常务副会长、乐清商会副会长、乐清市工商联主席等社会职务。

1990年初，求精开关厂首次分家，我和吴总（吴炳池）一块儿进入求精开关厂二车间，我主要负责销售。那时求精开关厂的产品主要靠温州"十万供销大军"往外推销，但供销员的素质参差不齐，有特别敬业的，也有投机耍滑的。我拿他们区别对待，根据实际情况决定哪些人可以赊账，哪些人一定要钱货两清。年底的客情维护也是一样的道理，有些供销员的待遇是收到求精的纪念礼品，有的则要被催债。我在与他们打交道的过程中，想到老是依靠零散客户也不行，于是琢磨着如何把柳市最好的经销商

吸收过来，建立起自己的销售网络。

柳市的经销商多达几十家，为了不打草惊蛇，让竞争对手抢占先机，我们采用的策略是"不鸣则已，一鸣惊人"。经过调查摸底，我们与20多家较有实力的经销商谈好了合作方式，全部签下合约，双方盖章确认。等其他企业反应过来时，去找这家谈，不行；去找那家谈，也不行。兜兜转转一圈才发现，整个片区的经销商已经都归入正泰旗下。而这批经销商也就成了后来正泰营销的"种子队"。

我在带领团队做销售的时候，比较讲求"三分生意，七分仁义"这一原则，深信钱是不可能赚完的，为了双方共赢，获取整体上的最大利益，我们是可以退一步吃点亏的。比如，我曾经跟一个业绩比较好的北京经销商坦诚地讲，我们合作这么多年，你需要采购的产品中，如果是正泰没有的，你可以采购竞争对手的，但凡是正泰有的，你一定要采购我们的，并且给予他一些账期上的优惠。他听完后欣然答应，后来我们常年合作愉快，这就是做生意互相留有余地的智慧。

那时候在柳市，供销员经常向做电器的厂家赊账，比如厂家卖给供销员100元的产品，供销员会因为资金周转困难而赊账，过了几个月，甚至一两年后才把这笔钱还上。为了避免拖延账期，我们采取了一种有特色的销售手法，即"利润—利息二收法"。我们鼓励钱货两清，现金交易，但如果对方资金实在周转不开，赊账超过一年，我们就按产品的原价适当让几个点的利润，但拖欠的账款需要支付利息。如果你有钱还我，我就赚利润，没钱还我，我就赚利息，虽然少一些，但还是有赚的。如果货款欠到第二年，那我们再多让一个点的利润，但利息需要累加。这样一来，柳市喜欢现金交易的供销员就会主动到"求精"这边买货，因为我们这里有折扣，喜欢赊账的就会去别家，因为别人不收利息。我们的这种做法，100元的产品让利后虽然只卖93元，看似低了，但这93元是能够迅速回款的真金白银；而别的企业卖100元，看似卖了高价，但可能拖着一两年要不回钱，也是麻烦事。薄利多销，互利共赢，这也成了我们和经销商长期合作的基础。

后来的故事大家都知道了，我们以这批经销商为基础，不断扩充队伍，大举向外拓展，建立起覆盖全国的营销网络，实现营销当地化，成为正泰实现跨越式发展的重要保障之一。

二、一次印象深刻的采购"小插曲"

吴炳池／口述

吴炳池，男，1965年出生，大专学历，高级经济师、高级经营师。1990年加入求精开关厂，担任采购科科长。此后历任正泰集团公司董事、副总裁，浙江正

吴炳池工作照

泰电器股份有限公司董事、副总裁等职，现任正泰集团党委书记、工会主席、监事会主席。

　　我出生在浙江省温州市乐清县象阳镇，先在镇上一家锯木厂做小工，后来也办起了电器门市部，主要做胶木件和铜件。做过这行的人都知道，胶木件压起来黑不溜秋的，铜件在冲床时又非常危险，一不小心人就会受伤，所以那段时间特别累。再加上当时整个乐清低压电器市场比较混乱，行业态势不稳，收入并不可观。总的来说，可以用"饿不死但也富不起来"来形容。

　　到了1990年，因为机缘巧合，我进入求精开关厂担任采购科科长。每天的工作就是跟踪库存，根据实际情况开具调度表，安排生产任务，明确第一优先生产级、第二优先生产级等。然后，根据生产调度表制订采购计划，明确需要采购的各种零件的型号、数量等，包括弹簧、线圈漆包线、银触点、胶木件、标签、焊锡、包材等，我对各种零部件一清二楚，保证了库存与生产需要之间的动态平衡。但说实话，我从小小的电器门市部进入一个颇具规模的工厂里，还是有些不适应的，印象最深刻的就是一次采购漆包线的事了。

　　因为我以前是做热继电器的，不会用到漆包线线圈，进入求精开关厂后，开始做接触器，需要用到漆包线。漆包线是1个线头的最好，但我当时考虑的是降低采购成本，就买了一批多线头的线圈，大概有3～4个线头。结果没过2天，就遭到女工们的

"投诉"。有些年轻的女工专门跑过来跟我说："吴科长，你买的线圈接头这么多，我们很不好做的啰！"我当时还丈二和尚摸不着头脑，反问："为什么呀？"她们说："我们一个线圈有 100 圈，一般线的长度只够绕 50 圈，中间需要手工接线，你搞这么多个头的材料，我们要接很多次，太慢了嘛！"我这才反应过来，羞愧得红了脸，连忙赔不是。"哦哦，原来是这样啊，我刚来厂里，跟你们这些'老师傅'比起来，还是个新手，完全没有概念。以后知道了，只采购 1 个线头的漆包线，保证大家的生产效率！"女工们听了我拍胸脯的保证，这才放心地回去干活了。

这虽然只是一个"小插曲"，但这次缺乏实践经验导致的失误，给了我深刻的教训。在后来的职业生涯中，我一直告诫自己，一定要虚心学习，多研究，多思考，多与一线员工交流，摸透生产情况，把每一项工作做到最好。

三、村会计的命运交响曲

倪彩荣／口述

倪彩荣，男，1942 年出生，乐清市柳市镇乌岩村人。原为乌岩村会计，1988 年 4 月进入求精开关厂，负责财务工作，人称"老倪伯"。工作期间，他与"会计公"吴德铨等精诚协作，共同促进求精开关厂最早的财会制度的形成，奠定了正泰规范的财务基础。"老倪伯"于 2010 年正泰电器上市后退休。

倪彩荣近照

　　我在正泰服务 22 年，从 1988 年求精开关厂到 2010 年正泰电器在上交所上市，一直从事财会工作。说到我与正泰的故事，可能要令你们失望，在我看来它们其实没有什么惊心动魄的地方，都是些琐碎平凡的小事，更多的是正泰在发展壮大中，改变了我这个普通小会计的命运。

　　我叫倪彩荣，是乐清柳市乌岩村人，原先在村里做会计，和南存辉厂长的父亲是旧相识。南厂长的父亲我们本地人称"阿公"，他除了干农活，还会修鞋，经常挑着担子来我们村里补鞋，一来二去我们就认识了。求精开关厂办起来后，我的妻子先去做了炊事员，负责给厂里的员工们提供中、晚饭。她在里面做了一个月后告诉我，厂里缺会计，问我愿不愿意过去。我想想村里事情也不忙，就答应过去了。

　　我是 1988 年 4 月进入求精开关厂的。一开始只打算过去帮帮忙，进去后发现确实忙，里里外外都需要人打理。于是我便稳定下来，成了"求精"最早的会计之一。

我刚进厂时，厂里只有几十号人，没有明确的分工，也没有单独的办公场地。除了厂长办公室，大家都坐在一个大厅里办公，像大排档一样。我进来后发现当时的求精开关厂根本没有财务的概念，一切都是老板口头说了算，相当随意。比如有人今天借走什么物资，明天如果忘了就忘了，没有记录可查。于是，我和早些时候进厂的"会计公"吴德铨一起，着手把基础账册建立起来，实行物资盘点制度，一笔出一笔进，用算盘记账，每一项都很清晰。这算是推出了正泰最早的会计制度吧。

平时我们做完财务工作后，还要兼职采购零部件。工厂缺螺丝刀、老虎钳之类的小工具时，我就拿着清单到柳市的街上采购，然后分配给员工使用。这些事情虽小，但很多。那时大家心里都有冲劲，每天都在加班，基本没有周末。困了累了就到"阿公"家里休息一下，那里就是我们最初的员工宿舍。我听吴德铨介绍，最开始厂里连同老板在内只有 8 个人，老板一般不在厂里吃饭，几个员工就靠 1 个电饭煲，吃住都在厂里。

刚开始，负责财务工作的只有 2 名会计、1 名出纳。后来求精开关厂不断发展，陆续进来了一些人，如王旭梅、金萍这些年轻人。他们很聪明，但毕竟都不是科班出身，对厂里情况也不熟悉，需要一点点指导才能独立上手。我现在印象很深的是，我坐在她们后面口述哪一笔账要记到哪个栏目里，她们在前面埋头填写，就这样一点点学会的。离开公司已经好多年了，到现在我还跟这些小伙伴保持着联系，感情一直很好。我们有个微信大群，每到我过生日那天，群里的孩子们都会祝我生日快乐，我可开心了。另外，我比较自豪的是，在我负责财会工作的那些年里，财务方面基本没有出现过大的纰漏。这也是我踏踏实实工作的体现吧。

当时求精开关厂办公地方不大，南厂长就坐在我对面的厂长办公室里。印象当中，他们那时候就很重视财务工作，财务人员月工资高一点的可达210元，其他员工70元、80元到100元不等。为了企业的发展，尤其是为了积累资金建实验站、办生产许可证等，几位厂领导好几年都没领工资，也没分红，而是把资金投入下一年的生产运营中，不断滚动扩张。这是我比较佩服的：第一，说明他们对求精开关厂的发展比较有信心，全身心投入其中；第二，反映了他们不是鼠目寸光、干一票就走的那种人，雄心壮志在早年就体现出来了，那时他们心里就埋下了做大做强的种子。而且，他们对优秀人才的态度可好咧，很重视。为了抓质量，他们专门从上海请来了王老（王中江）、宋老（宋佩良）、蒋老（蒋基兴）等3位工程师。3位老人回家养老后，原来的南厂长、后来的南董事长每次到上海，都要去看望他们。公司举行创业十周年庆祝大会的时候，还专门把他们请来，坐主席台，戴大红花……这种重视人才的精神确实让人感动。

这种求贤若渴的事例多得数不清，我自己参与过的还有聘请后来大名鼎鼎的正泰"军师"徐巧兴。那是1991年的一天，包括徐巧兴在内的温州市经委企管办的几位同志来了，他们带着企业管理培训方案一家一家地走访企业。但那是邓小平"南方谈话"前夕，社会上对是姓"资"还是姓"社"的争论很大，铆着劲想赚钱，却又畏首畏尾的温州老板们，对做大做强充满疑惑。说实话，当时没有几个人对徐主任的培训方案感兴趣。我觉得这是一个机会，便马上跑去告诉南厂长这个情况。南厂长是个很有前瞻意识的人，立马把徐巧兴一行请到办公室详谈。果然，他们是带着详细的培训计划来的，培训内容包括定额管理、标准管理、计量管理、全面质量管理等一系列基础管理的方法，而这些，正是我们以前完全没概念的。双方一拍即合，培训计划很快就定下来了。培训快结束时，南厂长当场向徐巧兴发出邀请，希望他能在求精开关厂发挥热量。那一年，徐巧兴 58 岁，还未到退休的年龄，若去企业里干活就是自动离职，所以他想等退休后再说，可是南厂长的韧性又被激发出来了，他开始软磨硬泡，甚至打包票说："你提前退休，生活费保到一百岁！"在他的执意邀请下，徐巧兴便借着新中国历史上第二波干部下海潮这股东风，办理提前退休手续，成为我们中的一员，这才有后面的集团化运营、股份制改革的故事呀。

我平时个人生活比较简单，一直不喜欢铺张浪费，来正泰 12 年，最大的"排场"要算上市庆功了。2010 年公司上市后，我和吴德铨一起在酒店摆了十几桌饭菜，犒劳全体上市工作组，给大家助助兴。想起我已在公司干了不少年，年事已高，财务队伍也从最初孤零零的 3 人，发展到 200 多人的大团队了，工作手段也早已"鸟枪换炮"，我也该功成身退了。于是我就向公司提出退休，回家安享晚年了。

四、我从"求精"走来

赵志芬/口述

赵志芬，女，工业电器工程师、专利工程师，现任正泰知识产权部总经理助理。她于1989年3月进入求精开关厂，从装配工开始，历任总师办副主任、技术

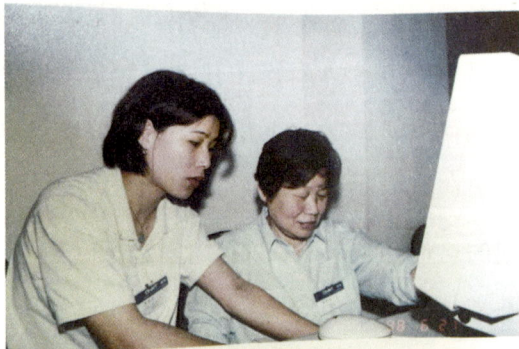

赵志芬（左）和季九如（右）

中心科技管理处处长等职位，至今在正泰服务30余年。从业期间，她参与编写企业产品标准、技术文件、《低压电器选型使用维修手册》等，组织产品生产许可证申领、电工委员安全认证、3C认证等工作，负责公司专利与商标管理等工作。参与开发的NRE8电子式热过载继电器项目获乐清市科学技术进步奖一等奖，获厂级先进工作者、年度积极分子、"正泰集团年功一级奖章"等荣誉。

一个求精"新鲜人"

1989年3月1日，那时的我还是个刚出象牙塔的女学生，没有社会经验，第一天就被分配到流水线上做装配工，现在的年轻人可能觉得这种工作既枯燥又累人，不愿意干。但在当时，说实

话我是开心的：一是一个刚毕业的学生，比较单纯，看工作的一切都很新奇；二是那时候心里憋着一股劲，总想着要学点真本事，珍惜每一次来之不易的学习机会。

比起现在的正泰集团，1989 年的求精开关厂只能算个"小不点"，总共只有几十个人，也未建立系统性的企业管理制度。比如岗位职责，并没有明确具体人员分工，员工也不会把工作边界分得太清，我们就像救火队员，哪里需要就往哪里冲，做的工作相当庞杂。记得那时候，南厂长给我们交代任务都是想到什么就立马安排。比如，直接跑到我们边上说，现在有个什么任务，有哪些要求，什么时间点要搞好，某某某要不你来做一下吧。因此，厂里大多数岗位我都体验过，如生产、财务、质检、技术等各种工作，当时虽然累些，但现在想来，还真是一段宝贵的经历呢。

1990 年下半年，求精开关厂因股东的经营理念不一致，先作为两个车间分开发展，1991 年又分成两个分厂，部分人员岗位发生变动，我被安排在求精开关一厂做质检工作，负责银触点的管控和成品检验。由此开始正式从事与技术相关的工作，这也确定了我日后职业生涯的基本路径。

申领许可证的"魔鬼岁月"

在技术科工作的这段时间里，我印象较深的是 1990 年的光景。那年厂里的头等大事就是申领生产许可证，厂里领导让我负责申报许可证所需的技术资料的编写工作。但我刚从事技术工作不久，对交流接触器、热继电器的原理和性能的理解有限，且当时的技术团队还未成形。于是我一边搜集相关资料自学，一边积极参加外部专业培训。南厂长特意请了一位江苏省工业技术厅的专家——过润之工程师来现场培训。专家的指导对我们这个草台班子来说真是求之不得，当时我对过总的每一句指导都细细聆听，反复琢磨。

当时厂里还没有现成的技术图纸，我们就自己将产品的零件和部件逐一分解，测量尺寸，从正面、剖切面等不同角度绘画，将这些产品的形状一笔一笔地画出来，并且按照国家标准附上相关技术参数，最终形成厂里早期的技术图纸。

那段时间，大家齐心协力，拧成一股绳，根本不分白天黑夜，饿了就围着厂里的一张小饭桌吃饭，吃完继续干活，每晚熬到凌晨两三点，只冲着一个目标——拿到生产许可证。由于每天下班已是深夜，过总对个别员工的安全不放心，会亲自骑着他的"老牛"自行车护送员工回家。现在回想起来，这一幕幕好像就发生在昨天。

经过 8 个多月的奋战，我代表厂里向国家生产许可证办公室提交了申请，并于 1993 年领到热继电器生产许可证。当我在北京三里河机械工业部发证处拿到证书时，心里有种说不出的激动，这可是我们几十号人日夜奋斗的成果呀。

虽然工作如此紧张，但员工们的业余活动还是很精彩的。比如那时候温州交通不便，出游机会少，厂里就组织大家一起去雁荡山和普陀山游玩，用现在流行的话来说，就叫"团建"吧。南厂长还会组织召开员工家长会，请员工的家人过来参观厂区，了解员工们的生活、工作情况，并且听取家人们对工厂的建议，整个工厂就像个大家庭。用现在的眼光来看，这种互动方式也很超前，挺人性化的吧。

我们的工资制度也挺有趣，采用打分制，根据分数领取对应的工资。还记得当时我拿到了十几分，一个月能领175元，在普通员工里算高工资了。当时有些人不服气，提出意见，后来厂里领导仔细检查了评分过程，确认评分过程公开透明、有理有据后，亲自站出来为我澄清，我心里还是挺欣慰的。

随后，求精开关一厂先是组建了中美合资温州正泰电器有限公司，后来组建了正泰集团。公司成立了总工程师办公室（以下简称总师办），我也就被调到了总师办。1997年我又去了技术中心，现在在知识产权部负责专利、商标、软件著作权等知识产权管理工作。虽然部门名称几经变更，但我的职业生涯主要还是循着技术这条主线发展的。

我从"求精"走来，伴随"正泰"成长，与它共同经历了一些大事件，现在回忆起来，都是宝贵的人生财富。感谢"求精"接纳了我，感谢"正泰"成就了我，让我的人生增添了别样的色彩。

五、"小电工"的开挂人生

寿国春／口述

寿国春，男，1964年出生，浙江省金华市浦江县中余乡普丰村人，高级经营师，现任正泰电气股份有限公司生产部总经理。他从求精开关厂一名普通电工做起，历任质检科科

寿国春2005年工作照

长，接触器公司和控制电器一公司总经理等职务。1993年，他参与研发CJX20系列交流接触器，该项目获得第44届尤里卡世界发明博览会特别金奖，在低压电器行业里引起了不小的震动。在从事管理的几年中，寿国春先后组织团队完成了CJ40、NC7、NC9、NCPS7、NCK3等6个系列20多个机型交流接触器的设计开发工作。1998年，他还获得了温州市科技进步奖三等奖。由于良好的表现和突出的业绩，寿国春先后5次获得正泰集团"十佳品牌经理"荣誉称号。2005年担任正泰电器生产采购部总经理，2006年下半年，他被调到组建不久的正泰电气生产服务中心任总经理，是正泰"打工仔变成老板"的典范之一。

入厂始末，一个普通电工的起点

说起我的职业生涯的起点，那是很遥远的事情了。我来温州之前，在老家金华浦江县一家生产普通拉线开关的乡镇企业做电工，因为从小对技术比较有感觉，打算靠这门手艺吃饭。后来因朋友邀请，跑到温州乐清柳市翔金垟村马路边开了一个门市店，主要修理废旧马达，马达经二次换新后用在家庭工厂的设备及农机上。没想到后来就与"求精"结缘了。那是一个偶然的机会。当地朋友介绍说有个求精开关厂挺不错的，说者无意，听者有心，我抱着开开眼界的想法，请朋友帮忙把我介绍给南董。

1989年底，那会儿的南存辉还不叫南董，我们都叫他南厂长。我应聘时他亲自面试。当时他拿出一张"职工意念表"让我填，上面都是一些有关个人背景、家庭情况、职业规划等方面的基础问题，我对这份工作很重视，想拿回去慢慢填写。他果断地说："我们这里都是当场填完的，填好后就可以直接做决定了。"我填完后，他又问了我一些与工作相关的问题，整个过程比较顺利，南厂长也比较满意。考虑到当时厂里刚好缺电工，我又具备一技之长，于是我就顺理成章地成为一名电工。可以说，我就是正泰发展史上的第一名电工。

但我没有马上入职，因为1990年春节期间我刚好要回老家结婚，有许多事情要操办。等过完年回来，日历已翻到了1990年2月。这个时候我正式入职了，成为求精开关厂的一名普通电工。第一天报到，我就在厂里走走看看，熟悉一下情况，突然发现工厂角落一个箱子里堆放着几十把用坏的电动螺丝刀。我这个人天生就爱捣鼓，于是就把它们翻出来研究，看看哪里有问题，能不能修理，结果一上午修好了十来把。我修好的螺丝刀，刚好被厂里一个领导看到了，他用温州话跟旁边的人讲："这个寿国春可以嘛，这电工招过来很值！"因为当时一把电动螺丝刀要300多块钱，我一上午至少挽回了3000块钱的损失，是我月工资的10倍。那是我进厂第一次获得肯定，心里挺高兴的。

小试牛刀，操作第一个改装项目

我之前在老家的乡镇企业做过电工，又修理过马达，动手能力比较强，所以厂里有什么东西坏了，我都会过去摆弄摆弄，想尽办法把它修好，让它物尽其用。

比如在求精开关厂的老照片中，经常会出现一张两排女工在流水线上装配的图，那条流水线可是我操刀的第一个改装项目。原本这条线靠液压传动，但总是会漏液压油，噪音又大，时好时坏，无法作业，影响工期。生产厂家过来修过好几次，但它总是反反复复地坏。有一天，我仔细观察后明白了其中的运作原理，发现有改进的空间。于是凭经验直接去掉液压马达，将其改装成由电动机驱动和控制的流水线，这样就完全解决了漏油的问题，操作又比较方便，不容易坏。这种改装从技术角度来说其实并不难，但因为是第一次，又总是看到那张照片，所以我印象深刻。

后来的一些改造项目，相比之下更有技术含量。比如在上海老宋工（宋佩良）的带领下，大家一起改装了热继电器装配流水线上的拧螺丝工位。原来它的电动螺丝刀挂在操作人员头顶，工人操作时需要专门腾出一只手去抓。我们研究后，把螺丝刀安置到面板上，改用脚踏开关控制，操作起来非常便捷，直接提高了40% ～ 50% 的效率。

小荷才露尖尖角，初显技术潜力

1990 年 3 月，求精开关厂最重要的事情就是申领第二批生产许可证。由从上海请来的人民电器厂退休工程师王中江给大家培训，主要介绍热继电器、接触器的工作原理，它们是如何生产出来的，以及它们的用途，等等。课程结束后全员考试，检验成果。我作为当时全厂仅有的几个高中毕业生之一，本身功底比其他员工稍好些，再加上学习认真，一下子考到第一名。王中江工程师看到我的成绩，还专门跑去跟南厂长说："这个小伙子只做电工屈才了呀，很值得培养嘛！"通过这次考试，南厂长也看到了我的潜力，当即把我调到质检科，负责零部件的进货检验。随后还给我印了名片，上面写着的职务是求精开关厂质检科科长，那是我第一次得到"晋升"，也是我第一次有了自己的名片，心里可高兴了，这张名片我一直收藏着。

在后期的生产许可证换证期间，全厂员工都忙疯了，我负责的是计量及设备管理。记得申领标准中对检测设备的配置有具体要求，要在装配车间及实验室配备标准测试台，所有产品在出厂前必须经过检验。要达到这个要求，产品线上必须配备接触器的动作特性试验台和工频耐压试验台，一般人可能会去上海的厂家直接高价购买，但这既耗时又费钱。这时我的钻劲又派上用场了，我一个人先去电器市场转了一圈，想看看还有没有省时、经济的方式。我买来高压互感器、调压器、0.5级标准电压表等元器件，开始自己捣鼓，反复研究，装了不对再拆掉重装，最后终于改装出一台符合标准的集动作特性、耐压、机械寿命于一体的试验台。

那时我们还有许多认证资料需要编写，请乐清县乡镇企业局的几个老师负责指导，有些资料提交上去不达标，他们会直接指出来，打回重写。每个人的神经都是紧绷的，连续加班习以为常，就这样连轴转了6个月，最终我们通过了机械工业部专家组的现场评定审核，顺利拿到了生产许可证。

技术之外的"全能选手"

公司早期的分工是很模糊的，职能没有细分，如新产品开发试制、供应商开发、产品测试、产品样本策划等工作，并没有相应职能部门和专业的人来负责。记得1991年中美合资温州正泰电器有限公司刚成立时，公司即将推出新开发的CJX20系列接触器产品，准备在年底当地的"供销大军"回家乡过春节时，进行发布和推广。厂里需要准备产品样本，介绍公司及拳头产品，再将这些样本发放给几万名供销员，让他们带出温州拿给全国各地的客户参考。但公司没有专门的广告策划人员，南董说："寿国春啊，要不这件事你先去弄弄？"我说："我对广告策划完全不在行，产品样本是公司的门面，弄砸了怎么办呢？"南董笑笑说："你先去做吧，做完先给我看一下好了。"于是，我这个门外汉就开始跨界做广告策划工作了。

首先，我把介绍公司、产品的相关文字材料组织好，然后请了温州摄影家协会会员邵老师来拍摄产品照片。可我们没有专门的场地，就选在南董老家的阳台上。接着，这些文字材料需要打字排版，找谁呢？南董介绍的吴炎书记的女儿正巧在政府部门上班，我就直接跑到温州市区的吴书记家中，跟他说明情况。吴书记非常和蔼可亲，很耐心地询问我能帮上什么忙，还亲自帮我审核文字材料。当时还不到吃饭时间，吴书记的夫人却煮了鸡蛋招待我，这在当时可是贵宾级待遇呀。作为厂里的一个外地员工，我非常感动。

一周以后，我拿到了排版打印好的文字资料，将文字资料送到温州市区专业设计广告样本的叶向荣老师家中，请他帮忙设计一个带地球形状的商标（包括文字、图片）。每次我跑到他居住的大同巷里，一抬头看到窗户开着，我就知道：嘿，叶老师在家。我就"噔噔噔"地穿过狭窄的楼道去找他。有一次我去叶老师家，看到他正在设计好的样本封面上上色，那时候还没有电脑，都是自己把颜色配比好，调出来，喷绘上去。后来南董看到彩色的样本，觉得各方面都挺好，尤其是商标的颜色绚丽明艳，让人过目不忘，当场决定首印 5 万份，这个任务就算圆满完成了。虽然我在其中只是起到沟通协调的作用，但一想到几万名供销员带出去的"门脸"就是自己统筹策划的，我心里还是挺自豪的。

如今算起来，我在正泰工作已 30 年了，关于这样的故事，还有许多许多。感受最深的是，我从最初求精开关厂的一个小电工做起，历经产品检验、开发试制、市场推广、生产采购等岗位，一步步到现在，除了自身对工作的热情、认真外，正泰这个平台在我职业发展路径上赋予了我极大的势能，可以说二者相互补益吧。"求精"后来发生的事情还有很多，比如参与 CJX20 系列交流接触器产品的开发量产、设备改造、精益生产、团队推行赛马机制等等，这几十年来发生的其他的有趣故事，以后有机会我再跟大家分享。

六、忘不了的"吴阿公"

王旭梅/口述

吴德铨，温州市乐清县磐石镇油车村人，生于 1928 年 3 月，2016 年 10 月因病逝世。1952 年参加工作，1954 年入党，生前在乐清县农资公司、供销社、副食品公司等单位干了 30 多年的会计，是远近闻名的一把"铁算子"。1986 年加入乐清县求精开关厂，历任求精开关厂会计、正泰集团公司财务部经理、正泰集团二公司党支部书记等，1999 年退休。

"吴阿公"（左二）与王旭梅（左一）等人在一起

金秋十月本是一个收获的季节，"吴阿公"却永远离开了我们，离开了他挚爱的这片土地。去世那天，他的坟头竟有含苞待放的白菊花，入殓那天菊花徐徐绽放。这洁白的菊花，似乎也在以一种特殊的方式寄托对阿公的哀思。

"吴阿公"实名叫作吴德铨。他是正泰前身乐清县求精开关厂的老会计、正泰集团公司财务部经理，是我迈进会计行业的启蒙老师，更是我的贵人。

"吴阿公"是位和蔼、风趣、乐观的长者。记得初次见到阿公，是在柳市上园工业区 CJ10 车间，那时的阿公手里总是拿着一沓沓发票，笑眯眯地在车间来回巡视着。过了 20 多天后，我便成了他的属下。初到财务部，一切是那样陌生，阿公亲自带我去领取办公所需的各种物品，笑容满面地给我安排座位。由于我不是会计科班出身，阿公便鼓励我参加柳市乡镇企业局举办的会计培训班，最终让我顺利持证上岗。那时的我总是庆幸自己遇到了贵人。从车间、仓库的报表编制入手，到凭证装订，阿公总是耐心教我并放心让我去尝试，每月的盘存工作也在阿公的指导下井然有序地展开，车间和仓库极少出现错漏。

"吴阿公"特别敬业，是乐清资深会计，远近闻名的"铁算子"。那时，我们已经开始用计算器了，但阿公的算盘打得不仅准而且超快，甚至都超过了计算器的速度。看阿公快速地用算盘计算，我们心里也只有羡慕的份儿。当时公司的产品有交流接触器、热继电器、中间继电器等。面对不同产品的成本计算，阿公从来不马虎，对外协单位的应付账款更是做到日清月结。有时为了及时赶出领导所需的财务报表，阿公就在办公室通宵达旦对账，阿公的这种敬业精神着实值得我们后辈学习。

"吴阿公"是位热心的领导，他特别关心下属，工作之余喜欢给办公室的姑娘和小伙牵线搭桥。那时的阿公也曾成功地为同事牵过线，也给我介绍过男朋友，而且在"关键时刻"还帮我把关。他对我特别关心，有一次他去外地出差，也是他生平第一次坐飞机，回来时除了给我讲述坐飞机的感受外，竟然还给我带了一份礼物。

后来，"吴阿公"向公司领导推荐我去学电脑，从而让我成为正泰第一个用电脑做账的财务人员。周围的同事都以羡慕的眼光看着我，有一个老同事竟还偷偷地问我，阿公是你什么亲戚？阿公是位热情好客、平易近人的老人。每次公司同事去拜访，他都会热情招待。记得有一次，几个同事相约一起去他乐清的家，他让家里准备了茶水、点心、水果，并烧好一桌饭菜招待我们，他还早早地在忠节门老人亭边迎接我们。多年来，阿公一直热情好客，甚至在医院病榻上，受尽病痛折磨的他还总不忘吩咐家人要好好招待客人。阿公很关心国家时事，最喜欢收听广播，那时他在公司宿舍里收藏着款式不一的收音机，只要有新款式的收音机出厂，他必定会去买一台。阿公最大的爱好就是手捧收音机，边散步边听广播。

"吴阿公"在正泰退休后，有了充足的休闲时间。在儿女的安排和照顾下，他这几年也去了国内外多地旅游，北京、天津、桂林、昆明、香港等地以及越南、缅甸等国家，都留下了他的足迹。

我记得80多岁的阿公还很健谈，虽然离开公司已久，但他仍旧关心正泰的发展。每次我去拜望他，他问得最多的是公司的近况：上海输配电发展如何？杭州的太阳能出口情况如何？集团今年的业绩怎样？员工现在有多少人？一些词语如"经济疲软、效益、产值、市场"等，常常从他的嘴里蹦出。2016年"吴阿公"中风住院期间，在未失语之前我去看望过他。躺在病床上的他还心系公司发展，询问公司的业务情况，而对于他生病一事却一再嘱咐我不要告诉公司领导，别给公司领导添麻烦。

那年6月的一个周末，我去看望"吴阿公"，或许是因为阿婆和他儿女的精心照料，或许是因为上天的厚爱，阿公的病情出现了好转的迹象。那天，坐在轮椅上的"吴阿公"和我们兴致勃勃地聊着说着。时间不知不觉过去 2 个小时，阿公扶着病房门口的栏杆足足有半小时，竟说自己不累，然而没人料到这竟成了"吴阿公"失语前最后一次和我们说话。我记得当时他说："刚在一楼有人说我看上去只有 70 多岁，我说已有 90 岁了，照他这么说难道能活 100 岁不成？""吴阿公"就是这么幽默风趣，他把我们都逗笑了。

然而，这个"好转"太过短暂！"吴阿公"第二次中风失语后身体就每况愈下，终究抵抗不住病痛的折磨，最后离开了我们。

七、"技术三元老"的求精往事

（一）"技术元老"宋佩良

吴高毅／文

宋佩良（1924—2012），男，曾任上海人民电器厂高级工程师，1986 年加盟乐清县求精开关厂，是正泰创业早期南存辉"三顾茅庐"诚邀加盟的重量级技术专家。与同期加盟正泰的王中江、蒋基兴并称"正泰技术三元老"。在职期间，他坚持吃住在厂里，废寝忘食，为正泰技术攻关、创建质量体系，建立温州地区首个热继电器试验室，首批获取机电部颁发的低压电器生产许可证等，做出了杰出的贡献，堪称正泰的技术奠基人。1999 年获"正泰元老荣誉奖章"。

经过一番周折找到宋佩良老人的家，推开门，迎面而来的一家人的笑容和热情驱走了记者一身的寒气。宋老早早地迎在了门口，紧握记者的手，就像见到了久违的亲人一样，亲切和蔼。82岁高龄的宋老，精神依然矍铄，十分健谈，说话时条理清楚。只是年龄的原因，听力不是很好，为了能听清楚记者的话，他事先准备了助听器，虽然效果不是很明显，但让记者感受到宋老对正泰人来访的重视程度。

交谈间，宋老抑制不住兴奋地告诉记者最近一次见到南董的情形。

2003年11月12日，浙江卫视制作一期《财富人生》节目，邀请正泰集团公司董事长南存辉作为嘉宾参与节目录制。编导在安排节目时，费了一番周折打听到了曾在创业初期帮助过南存辉的宋佩良老人依然健在，就特意从上海将宋老接到杭州。节目录制当天，谁也没有告诉南董请宋老来了。当节目录制到一半时，主持人问南董想不想见到当初和他一同创业的宋佩良老人，南存辉董事长说"想！"接着又遗憾地说："可惜他人在上海，不能来。"没想到，主持人手一挥："有请宋老上来。"音乐响起，宋佩良老人在三儿子宋国峙的搀扶下，走到前台。南存辉做梦也没有想到会在这里见到宋老，他高兴地站起来迎接宋老。《财富人生》节目组的良苦用心，让南存辉感激不已。在节目中，宋老与南董一同回忆了当初创业时的情景，说到南存辉今天的成功，他说："南存辉的成功靠的是天时、地利、人和，靠的是党的改革开放政策！"

简短的话语，赢得了台下观众热烈的掌声。

"我到正泰，缘分呀！"

回忆是甜蜜的。回首当年到正泰，宋佩良老人用得最多的一个字是"缘"。他说："我到正泰，缘分呀！与南董的相识，也是缘。"

1986年，正是柳市电器行业大发展的初期，各种假冒伪劣产品横行，真正致力于用自己的技术生产优质产品的厂家少之又少。而求精开关厂，一开始便对产品有着高要求，急需大批技术人才。求贤若渴的南存辉多方打听得知上海有一批技术人才，于是他多次登门邀请他们到柳市帮忙一同创业。就这样，南存辉从上海请来了王中江、宋佩良、蒋基兴，让他们当厂里的技术顾问。王中兴是工程师，主要做技术指导，宋佩良是技师，车、磨、镗、铣、钻，样样精通。当时的求精开关厂加上老板一共只有8个人，机械设备什么都没有，一切都得从头开始。在开发继电器JR16时，宋老扎在车间里，长期进行手工作业。一次，在做夹具时，宋老的右手拇指不慎被机器打到，由于在柳市时没有及时医治，拖了半个多月，到上海医治时，已不能及时复原，变得畸形了。至今回忆起来，宋老却无怨无悔。面对各种问题，宋老动了不少脑筋，想了很多切实可行的办法，在有限的条件下做出来的产品却让人惊叹不已，以至于科研所和其他同行都问："你们是怎么做出来的？"回顾那时的艰苦历程，82 岁的宋老没有一丝怨言，并且一脸坦然地对记者说："结识南董，是一种缘！"

宋老和南董的父亲是同吃同住的至交。那时条件差，宋老能理解南董的难处，南董让他住宾馆，他不去，却住到了南董父亲的家里。他对吃的从不讲究，粗茶淡饭即可。南董非常尊重宋老，他说："您的年纪比我父亲还大，我有什么不对的地方，尽管批评。"一旦请客人吃饭，南董是一定要叫上宋老他们的。有一次，南董又要请他们吃饭，宋老和蒋老听说后，躲了起来。南董骑着摩托车到处找，后来在一条偏僻的小巷里好不容易将他们"逮"住时，大家一阵大笑。说到这里，宋老开心地笑了，让记者感觉那是一种很欣慰的笑。他告诉记者，当时他不去吃有两个理由：一是南董当时经济困难，少一个人就省一点；二是他不主张南董请客，认为那是铺张浪费，钱应该花在刀刃上。

"票子牌子论"的起源

在正泰发展史上，有一个论述非常有名，即"要票子，还是要牌子"。这个论述就是宋老提出来的。

正泰的发展，经历了从家庭小作坊到工厂，从工厂到公司，从公司到集团，再到现在的控股集团的演变。当正泰还只有"5 万资产、8 名员工、50 平方米厂房"的时候，正泰面临着众多的选择，是造"小船"还是造"大船"，是"模仿"还是"创新"，是"独身"

还是"联姻"，等等，但在众多选择中，第一重要的却是要"票子"还是要"牌子"。当时的温州是"假冒伪劣"的代名词，假货泛滥。就在那种情形下，宋老让南董做选择题："你是要'票子'，还是要'牌子'？要'票子'我马上走，我是人民电器厂的老工人，我不会丢人民电器厂的脸来帮助你生产假冒伪劣产品！"看到正泰今天的局面，南董当时的选择大家可想而知。正是宋老出的那道选择题，让当时还处于创业懵懂期的南董有了转折性意义的思考；也正是因为做对了选择，正泰后来才会在温州打假的浪潮中脱颖而出，得到政府相关部门的扶助，正泰的"品牌战略"也在此时孕育而生，并由此拿到了温州低压电器的第一张生产许可证。

在正泰逐渐壮大期间，在家安享晚年的宋老时刻关注正泰的发展，他没有想到正泰会做得那么大，那么强。1999 年，正泰十五周年厂庆时，宋老去柳市开会，他握住南董父亲的手说："你们是怎么做起来的啊，像吹泡泡一样就这样吹起来了。"正如宋老所说，谁也没有想到正泰会有今天的局面，从一个家庭小作坊发展到今天民营企业中一颗让世人瞩目的璀璨明珠。但凡事有果必有因，正泰的成功是诸多因素造就的，主要因素便是党的好政策和政府的大力支持。宋老很关心正泰的现状，听到记者讲述的正泰现在的发展格局后，宋老竖起了大姆指："南存辉，好样的！"

做人也要讲牌子

宋老是一个很重感情的人，平时热心帮助别人，不求回报，当初也正是看到南董的人格魅力才愿意留下来。他认为做人比做事更重要，他时常告诫自己的子女，做人也要讲牌子，先做人，再做事。也许是受到父亲的影响，现在在上海正泰电气做采购工作的宋国崎工作踏实认真，任劳任怨，原则性强，很值得同事信赖。宋老不仅自己投身于正泰事业，还把自己的儿子早早送到了正泰，为正泰事业的发展添砖加瓦。

回忆起来，正泰最艰苦的时候，宋老在；正泰发展好了，宋老却走了。也许对宋老来说，看到正泰发展到今天，他会有些欣慰，又会有些遗憾，遗憾无法在好的条件下继续为正泰事业出力。但他告诉记者，南董每年都会来看他，有一年共来了13次。有一次是春节，南董在美国，还专门吩咐集团副总裁陈建克来慰问他。南董一直没有忘记宋老，宋老更是感激南董还记得他。记者想，宋老最终还是无比欣慰的，"患难见真情"这句话也许不合适，但它却把宋老和南董在艰苦岁月里所凝聚的深厚感情描绘得淋漓尽致。直到今天，82岁高龄的宋老仍关注着正泰的发展，我们没有理由不相信：宋老的名字将在南董心里永驻，在正泰光辉史册上永驻，在正泰全体员工心中永驻！

（原载于2004年第2期《正泰电气》杂志，有改动）

（二）"技术元老"蒋基兴

陈德生 / 文

蒋基兴（1929—2011），男，上海人，中共党员。生前曾任上海人民电器厂高级工程师。1986 年加盟乐清县求精开关厂，是正泰创业早期南存辉"三顾茅庐"诚邀加盟的 3 位重量级技术专家之一，正泰技术领域的奠基人之一。在任期间，蒋老坚持吃住在厂里，废寝忘食，为正泰技术攻关、创建质量体系，建立温州地区热继电器试验室，首批获取机电部颁发的低压电器生产许可证等，做出了杰出的贡献。1999 年被授予"正泰元老荣誉奖章"。

在共度一生的夫人心中，生活中的蒋老是一个沉默寡言、性格内敛、很多事都只愿憋在心里的人。然而，只要涉及工作的事，他就会立马切换到积极热情的模式，其他的事情都可以不管不问，甚至吃饭都无暇顾及。

在一起工作过的同事口中，蒋老平日里是一个说话言简意赅、随意谦逊的坦然之人。虽已退休，但在技术管控领域他给年轻人留下的却是一个技术纯熟、宝刀不老并乐于分享的稳重形象，他对待工作那种持之以恒的敬业奉献精神让众人深感钦佩。

而和他素未谋面的笔者，在留存的资料之间，在世人的传诵之间，在思绪的纷飞之间，浮现在眼前的正泰创业初期的"技术三元老"之一的蒋基兴老人，除却严谨而一丝不苟的技术专家这一面外，还有他于正泰、于其一生，一位贤能者、种树者、种德者交织的形象。

贤能者必为其用

"廉颇老矣，尚能饭否？"之前在读到这句带有历史典故的成语时，对蒋老的认识只是单纯联想到战国末期的廉颇将军虽年事已高但仍能征战沙场、建功立业上，却不敢设想，在 60 岁的年纪也能如他一般，以老当益壮的姿态发挥余热，给一家民营企业带去重要的影响。

改革开放初期的 1984 年，创建之初的求精开关厂与其他企业相比，几乎没有任何优势可言，尤其是当时柳市低压电器市场竞争混乱无序，使得新生的求精开关厂的发展举步维艰。南存辉强烈地意识到，要从乱象中突出重围，无疑需要引进优秀的专业人才，创立自己的品牌，如此方能取得一席之地。而环顾当时偏僻落后的柳市，甚至整个温州，这一类专家人才屈指可数。因此，面向全国寻觅专业人才成为南存辉的当务之急。南存辉将视线跳过瓯江，放眼改革开放前沿阵地、中国经济中心的上海。而后经过多方打听，终于认识了在低压电器领域有着丰富研发经验和技术水平的退休工程师蒋基兴老先生。

1948 年便进入上海人民电器厂工作的蒋老一辈子跟低压电器打交道，已然成为该领域重量级的技术专家。经过数次交流沟通，南存辉的诚心逐渐打动了他。终于，蒋老答应与另外两位工程师王中江、宋佩良一起南下温州，加盟"求精"。据蒋老夫人透露，当时对于蒋老的这个决定及这位二十几岁的"毛头小子"的未知事业，她在心里还是打了一个大大的问号的，为此她还与蒋老有过不少争执。

"我那时候也见过小南，他坚持要请蒋工过去，说他需要蒋工去帮助他。我那时候是不太愿意他去的。因为温州那时是个小地方，觉得没有发展前途。当时还是觉得上海最好，我们家虽然小，但还是比温州要好。其实，当时我的思想跟他比，也是比较落后的了。"蒋老夫人带着有点惭愧的微笑，提及蒋老去正泰的往事。"我们主要是看到小南这个人很忠厚老实，人品也好，同时感觉到他也是发自内心地想做一番事业，所以最后我同意他跟着小南过去。"

从国营的上海人民电器厂转到民营的乐清县求精开关厂之后，蒋老将毕生所学毫无保留地奉献了出来。南存辉对此始终难以忘怀，他曾在一篇回忆文章中对蒋老和另外两位技术元老（宋佩良和王中江）这样深情地描述道：懂技术的人才太宝贵了，我不想放弃，于是一次一次登门拜访，一遍一遍地向他们描绘着自己的理想，我还主动帮助他们做家务。很多时候因为时间太晚，我就在老人们的家里打地铺休息。最终，"三顾茅庐"的诚心打动了他们，几位老人答应"出山"，前往地处温州乡下的乐清柳市镇。

贤能者必为其用。加入乐清县求精开关厂后，老成持重的蒋老在晚年的时光里散发自己的余热，在热继电器试验室的创建、生产许可证的申领等方面，发挥了无可取代的重要作用。

种树者必培其根

"种树者必培其根。"一个公司的运作犹如一棵树木的培植，如果只是单纯在树干、树叶上浇水，这棵树永远无法长成郁郁葱葱的参天大树。公司运作同样如此，无论一个公司的外表、产品包装如何光鲜亮丽，产品种类如何丰富多样，如果产品质量参差不齐，甚至不达标、不符合客户的需求，那么这个公司也注定无法走得更远。

蒋老正是以一个"培其根"的"种树者"形象，出现在最初的正泰历史舞台上的。

作为一个在低压电器领域奋斗了几十年的工程师，在蒋老的人生词典里，要想打造品牌，获得客户信赖，赢得国内外市场，必须像种树一样在根源上下功夫——提高自己的产品质量。秉持这样的信念，正泰的热继电器试验室在蒋老和几位老人的努力下，从无到有应运而生。蒋老也把自己在热继电器校验方面的丰富经验带到了正泰，专注于产品的质量检测、检验及改进等工作。

之前，因为没有技术标准，没有专业工艺，公司生产的热继电器在质量上很不稳定，制约了生产和销售。在当时的大环境下，乐清有的企业用铜触点代替银触点，用铁片代替双金属片，这种状况导致当地电压电器行业整体信誉低下，毫无市场竞争力可言。而当时热继电器作为正泰的主要产品，其质量优劣直接决定着公司的信誉和盈利情况。由于较为复杂的制造工艺和严格的检测要求，正泰在当时专业人才紧缺的状况下，更加迫切需要一位技艺精湛、经验丰富的专家，以改变这种局面。蒋老等几位老工程师的加入，尤其是他们创建的热继电器试验室，从根本上保证了产品的质量。

至此，校验台成了蒋老孜孜坚守的一个"战场"。出厂的产品是否合格，需要通过蒋老负责的校验台的系统检测，确定各项参数合格后方能交付到客户手上。而由于热继电器特殊的工作原理——双金属片受热弯曲过程中，热量的传递需要较长时间——每批产品的校验过程通常需要 8 个小时以上，因此检验台的工作实行三班倒 24 小时值班制。与此同时，由于校验台全天候运行，检测设备常常会出现故障。对于看管和负责的工作人员来说，这除了体力上的要求外，更需要能够及时找出问题并排除故障的娴熟专业技能。

作为校验台的总负责人，蒋老当仁不让地起到了顶梁柱的作用。从观察、检测、统计到分析、研究、讨论，蒋老的身影无时无刻不在这个房间。由于热继电器校验室及校验台创建没多久，相关人才还来不及培养，校验台初期的日常运转严重依赖于蒋老。除了白天的正常工作时间外，很多时候在蒋老已经休息的三更半夜，校验台出现故障，而负责看管维护的人员无法排除故障，就不得不去请来已经入睡的蒋老。每当这时，这个已逾六旬的老人总是欣然披上外衣，微笑着跟随工作人员到车间解决故障。

每每说到这段往事，与蒋老曾经共事过现如今也已退休在家的宋国峙，总是会竖起大拇指，盛赞蒋老的敬业精神。他说："蒋老对企业是非常敬业、很有责任心的。当时我跟我老爸（宋佩良）住在一个房间，蒋公住在旁边的另一个房间。那时候，我在半夜常常会听到有人在外面喊他：'蒋老呀，那个热继电器坏了。'他听到后马上就会起来，对此毫无怨言。"

在那段艰苦创业时期，蒋老等人的默默付出，不仅直接让产品在质量管控上迈上了一个大台阶，而且使正泰在大环境下鹤立鸡群。当时，产品质量和"假冒伪劣"对温州制造业来说是一个极为敏感的话题，可谓到处"风声鹤唳"。也正是凭借过硬的专业素养和高度的敬业精神，蒋老等人支撑起了正泰初期热继电器质量把控的一片天空，蒋老也成为正泰质量体系创建的先行者和奠基者之一。

种德者必养其心

有道是"种德养心"，蒋老与南董在一定程度上所共同追求和认同的中国优秀传统思想文化，让两人从陌生到熟知，再到互相扶持，结下了亦师亦友的情谊。南董对假冒伪劣的深恶痛绝，对产品质量的不懈追求，在引起蒋老共鸣、打动蒋老和他并肩同行之外，也在正泰发展壮大之后融入了公司的企业精神和经营理念中。而蒋老则在自己的一生中默默无言地奉行"种德养心"理念，从上海人民电器厂到求精开关厂，从工作到日常生活，他以自己的德行操守一以贯之。

曾经是国营企业工程师的蒋老，厂里一度决定给他分配房子，当他了解到有年轻同事因结婚在为房子的事情发愁时，便主动向厂里提出将自己的名额让给那个更迫切需要房子的同事。"当时别人都说他是傻瓜呀，厂里分配房子他不要，别人要结婚他就让给别人。我当时对他的做法也想不通，晚上就对他发脾气说，我不要给你烧饭了，你去你的厂里吃好了。"蒋老夫人这样说。但她话锋一转，又温和而饱含深情地说道："我知道他的为人，也明白他在去世前最放心不下的是我。"简单随意的一句话，让人们仿佛看到了一个更加高大的蒋老，也感受到了两位老人之间相伴相守一生的深厚情感。

这样"种德养心"的品行同样被蒋老带进了正泰。据悉，曾有亲戚朋友知道蒋老与南董的关系特别好，想让他帮忙介绍他们的子女到正泰工作。蒋老当即拒绝，他甚至对自己的子女亦是如此。"蒋工在世时坚决不把亲人介绍到正泰去，也不凭自己的关系给大家介绍工作。他总对别人说，工作一定要凭自己的实力和能力，你们不要为难我，我也不想去为难别人。"蒋老夫人说道。在子女的教育上，蒋老同样奉行"种德养心"的思想：做人首先思想要正，要上无愧于天，下无愧于地；要对得起别人，要对得起自己。

对于死亡，弥留之际的蒋老选择了一种与众不同的方式。

作为老党员的蒋老，出于对邓小平、周恩来、刘少奇等伟人的人格魅力和品行修养的崇敬，不顾家人的反对，毅然选择了同这些已逝伟人类似的方式——海葬，要求后人将自己的骨灰撒向碧波万顷的大海。

蒋老夫人称，从正泰"告老"回上海家里后，蒋老时常与"老宋工"（宋佩良）谈论正泰的发展。每当正泰这边碰到技术问题向他请教时，他依然会热心地献计献策，积极帮忙解决。在笔者看来，也许是正心厚德的蒋老在内心感恩于南存辉当初的"三顾茅庐"之邀，所以即便是在晚年，他也依然以忘我的精神，书写人生的新篇章。

站在正泰"十三五"规划的新征程上，回望正泰创业之初的那段峥嵘岁月，以蒋基兴、王中江和宋佩良"技术三元老"等为代表的创业早期的正泰人，曾身先士卒，为正泰的万丈高楼打下坚实的根基。蒋老等老一辈正泰人所留下的精神，依然催人奋进，鼓舞着今天的正泰人，激励着正泰坚持不懈地以"种树培根"的思想，严把产品质量关，满足客户需求；也告诫后继的正泰人与"种德养心"的思想为伴，以敬业奉献立业，以正心厚德立世。

（原载于 2016 年 4 月《正泰》杂志，有改动）

（三）"技术元老"王中江

陈德生／文

王中江（1921—1994），男，浙江奉化人，中共党员。生前曾任上海人民电器厂总工程师。1986 年加盟乐清县求精开关厂，是正泰创业早期南存辉厂长"三顾茅庐"诚邀加盟的三位重量级技术专家之一，正泰技术领域奠基人。在职期间，他坚持吃住在厂里，废寝忘食，为正泰技术攻关、创建质量体系，建立温州地区首个热继电器试验室，首批获取机电部颁发的低压电器生产许可证等，做出了杰出的贡献，是正泰成为低压电器行业领军企业的奠基者之一。1999 年，被授予"正泰特别荣誉奖章"。

1984 年，初创的求精开关厂犹如一艘小船，艰难地谋求生存，一路跌跌撞撞，经受了各种风吹雨打；30 多年后，在改革开放的大潮中，这艘小舟已然成长为企业航母。也许没有人会想到，在数以万计的温州民营企业中，昔日名不见经传的求精开关厂，会成长为如今的参天大树。

立足回望，从小船蜕变为巨轮，那些曾经指引小船前进方向，为打造万吨巨轮默默耕耘的人，越发显得弥足珍贵。王中江就是正泰发展史上一盏耀眼的明灯。

1

王中江大学毕业之后扎根在上海，成家立业，养儿育女。从旧中国到新中国，从计划经济到改革开放，王老的一生虽经历了巨大的历史变迁，他却始终保持着"宠辱不惊，闲看庭前花开花落；去留无意，漫随天外云卷云舒"的心境。在时代变迁中，王老独善其身，不偏不倚，顺利地从大学毕业，顺利地融入工作，顺利地完成人生大事，最后顺利地从老牌国企上海人民电器厂安稳退休。

当王老从人民电器厂总工程师、办公室主任任上退下来，看似平淡如水的工作生涯即将画上一个圆满句号时，一个意气风发、胸怀大志的温州青年的来访，打破了他平静的生活。这个打破王老平静的退休生活的青年，正是当时的求精开关厂厂长南存辉。

王老耕耘低压电器领域几十年，有着深厚的理论功底和丰富的实践经验。说服德高望重的王老加盟，是时任求精开关厂厂长南存辉最为关切的一件大事。从温州到上海，有着近500km的路程，南存辉马不停蹄地往返多次，到王老家登门拜访，一遍一遍向王老描述自己的远大理想和抱负，有时一谈就是一个晚上。有时，南存辉干脆就在王老家里打个地铺，和衣而睡，这一切王老看在眼里，感动在心里。

"当时我家在复兴中路那边，跟宋工（宋佩良）住在一个弄堂里。因为他们家地方稍微小一点，所以小南（南存辉）来的时候就住在我们家里。他来上海也好多次了，大家相处很融洽，小南来我们家时，我们有什么就吃什么，他也不介意。"王老的大女儿王一路回忆起30多年前南存辉说服王老加盟求精开关厂的那段往事时，感慨地说道。

精诚所至，金石为开。南存辉青春洋溢的热血之心感动了已过花甲之年的王老，王老最终放下了疑虑，决定随南存辉远赴温州。"年轻能干，能吃苦，很亲切，他那时总是拿着一个小的公文包，在我家时热情地叫我大姐。父亲是被他的那股真诚、干劲和为人所打动的。"王一路如此形容那时候的南存辉。

或许连王老也不曾预料，自己和宋佩良、蒋基兴从黄浦江到瓯江的这个选择，会成就正泰发展历史上的一次重要跨越。

2

王老特别注重产品的质量。他来到温州后，尤其是在了解了柳市低压电器行业假冒伪劣横行的状况后，认为为正泰打造质量可靠、过硬的产品，是他的第一要务。经过一番综合考量和权衡，王老给南存辉厂长传授的第一个锦囊妙计是，率先建立自己的质量检测实验室。

当时，公司的总资产不足10万元，要额外拿出比总资产3倍多的资金建立实验室，这对刚起步的求精开关厂来说，无疑是一个艰难的抉择。但是，出于对企业发展战略的清晰定位，南存辉与合伙人想方设法克服了资金困难。1987年9月，在众人的期待中，实验室终于建成了，它成为当时全国第一个由民营企业建立的热继电器试验室。王老精湛的技术和丰富的实践经验有了用武之地。

除了推动实验室的创建外，王老在产品的材料、做工及工序等方面进行了改良与优化。在当时资源相对短缺的状况下，为了节约成本，公司内部生产所需的许多工装设备、模具等，都是王老与其他几位工程师一起琢磨研究自制出来的。王老等技术元老在产品开发、技术改进、工艺改良上的不懈努力，使正泰的产品质量检测能力和产品可靠性大大提高，求精开关厂在鱼龙混杂的市场环境中取得了竞争优势，率先完成了一次蜕变。

1988 年前后，年近 70 岁的王老在温州和上海两地间频繁往返，积极为正泰谋求机电部的生产许可证。在王老等人的努力下，1988 年，求精开关厂领取了机电部颁发的电器产业生产许可证，成为当时温州第一个取得机电部颁发的生产许可证的企业。至今，王老的家里还留存着他当时拟写的许多相关材料。

"记得当时父亲为了一个电器产品的认证书，在上海跑了不少地方，因为父亲在高低压电器这个领域还是有一定名气的，很多人对我父亲也很信任。这件事给我的印象很深刻，当时我父亲从温州回家时非常高兴地说：'我们拿到了！'"王一路回忆起工作中的父亲时说道。也就是这张生产许可证，使正泰在 20 世纪 90 年代国家六部局打击假冒伪劣的"打假风暴"中逆势崛起，迅速打开全国市场，实现了巨大飞跃。创业早期，南存辉甚至把王老的信息直接写在自己的名片上。2012 年 11 月，在中国教育电视台的励志节目《助跑 80 后》的录制现场，主持人煞费苦心地翻出了南存辉在求精开关厂时期的个人名片，展示给他看。拿着那张已经发黄的名片，南存辉无比感慨："这是我创业初期的名片，背后还有王工当时的家庭地址和电话呢！"

3

在企业的健康发展问题上，王老的一些想法也曾深刻影响着南存辉厂长。

想做成任何事情，都要明白"欲速则不达"这一规律。阅尽上海的繁华与落寞，"过尽千帆"的王老用余生的领悟告诫当时血气方刚的南存辉："你是要赚今天的钱，还是要赚明天的钱？如果你要赚今天的钱，其实你根本不用找我，你只要像其他人一样，搞点假货卖就行了，一样可以发一笔财。如果你要赚明天的钱，要在今后赚更多的钱，那当然得脚踏实地，一步一步地来！"南存辉选择的是后者。

正泰的发展进入新时期后，王老也逐渐淡出，移居巴西，与家人团聚，颐养天年。然而，就算隔着烟波浩渺的大洋，在地球的另一端，王老也时刻不忘关注正泰的消息。在与宋佩良、蒋基兴的通信中，他时常询问正泰的情况。

"我父亲去世已经22年了，但是我现在还保留着他去世前一年剪下来的关于正泰的消息剪报，父亲在和宋工的通信当中都还一直关心着正泰的事情。那时我父亲还在巴西，他对正泰的感情确实很深。"王一路一边认真地摊开王老生前留下的一大叠剪报、旧书信，一边说道。一瞬间，一个和蔼可敬的、饱含深情的王老认真写字的身影，浮现在笔者眼前。

王老对正泰发展所做出的巨大贡献，南存辉董事长时刻放在心底。在正泰筹办 10 周年庆典时，王老正在巴西，为了表达对王老的感恩之情，南存辉董事长特地将王老从巴西接回。1994 年 11 月，无情的肝癌带走了这位安详的老人。当时，南存辉董事长正好在北京领取一个重要奖项，并准备回温州接受家乡领导的表彰。当得知王老不幸去世的消息时，南存辉董事长毫不犹豫地取消了预定行程，放下手头工作，直飞上海参加王老的追悼会。

再次翻开王老遗留下来的书信，去世之前的王老还在信中说，遗憾自己没能够给正泰帮更多的忙。"父亲在天之灵看到现如今正泰的发展情形，一定会感到非常欣慰的，毕竟正泰也像他自己的孩子一样，他亲身投入过、热爱过。"王一路谈起正泰与自己父亲的关系时低声说道。

王老与南存辉董事长这段亦师亦友的"地铺之交"所包含的深情厚谊，无疑将永远刻在两人那段患难与共的记忆里。王老这盏明灯也将永远闪耀在正泰的历史画卷之中！

（原载于 2016 年 8 月《正泰》杂志，有改动）

附录：大事年表

1978年7月，柳市机具厂利用位于柳市镇后市街的自有店面，开设了当地第一间低压电器门市部。

1979年，南存辉与3个朋友合伙创业，在柳市镇后市街供销社门口设了一个制售电器产品的柜台。

1980年12月，温州人章华妹领取了改革开放后全国第一张个体工商业营业执照，编号为10101。

1984年4月，胡金林等"八大王"先后获平反。

1984年4月，国务院颁布《工业产品生产许可证试行条例》，以行政法规的形式确立了工业产品生产许可证制度。

1984年5月，中共中央、国务院批转《沿海部分城市座谈会纪要》，确定温州为全国14个进一步对外开放港口城市之一。

1984年7月，乐清县求精开关厂成立。

1986年，王中江、宋佩良和蒋基兴3位工程师受聘为求精开关厂的技术专家。

1987年9月，求精开关厂建立温州地区第一个热继电器试验室，这也是全国民营企业建立的第一个热继电器试验室。

1987年10月，求精开关厂制定了《厂长岗位责任制》。

1988年1月，求精开关厂领取第一张由机电部颁发的生产许可证。

1988年1月，求精开关厂被柳市镇人民政府授予"先进单位"称号。

1988年9月，求精开关厂首次被乐清县人民政府授予"重合同守信用单位"称号。

1988年，求精开关厂设计了第一个商标"乐求牌"，"乐"有乐清、快乐的意思，"求"有追求、"求精"的意思。

1989年3月8日，求精开关厂组织女职工拔河比赛。

1989年11月，浙江省低压电器情报网向求精开关厂赠送印有"互相交流　促进求精腾飞"的锦旗。

1990年5月30日，国务院办公厅转发国家技术监督局等部门《关于温州市乐清县生产和销售无证、伪劣产品的调查情况及处理建议的通知》，即国办发〔1990〕29号文件，并由国家六部局组成联合工作组进驻柳市，在"打击、堵截、疏导、扶持"八字方针的指导下，对柳市低压电器行业进行彻底整顿。

1990年，求精开关厂被温州市人民政府评为1989年"市级先进企业"。

1990年6月20日，浙江省标准计量管理局向求精开关厂颁发"浙江省企业标准化验收合格证"。

1990年，求精开关厂组织"职工家长会"，邀请职工家长来厂里参观、座谈。

1991 年 1 月，求精开关厂被柳市镇人民政府评为 1990 年度"先进单位"。

1991 年 1 月，柳市区公所、区工办向求精开关厂赠送写有"九〇年度先进单位"的锦旗。

1991 年 1 月，求精开关厂被乐清县人民政府评定为 1990 年度"先进单位"。

1991 年，求精开关厂正式一分为二，南存辉分到求精开关厂二车间，后发展为求精开关一厂，主要生产交流接触器。

1991 年 4 月，时任中共中央政治局常委、中央纪委书记的乔石视察求精开关厂。

1991 年 5 月，时任中共中央政治局常委、中央书记处书记的李瑞环视察求精开关厂。

1991 年 8 月 28 日，求精 CJ10-20、CJ10-40 型交流接触器获"浙江省产品质量检查合格证"。

1991 年 10 月，时任中共中央总书记、中央军委主席江泽民视察温州，在参观柳市"中国电器城"时莅临求精开关厂。

1991 年 11 月 22 日，中美合资温州正泰电器有限公司宣告成立，南存辉出任董事长。

参考文献

[1] 中国管理科学研究院科技进步研究所 . 中国企业管理科学案例库·第 4 辑：正道泰兴 [M]. 北京：中国经济出版社，1998.

[2] 廖毅 . 正泰十五年——一位"打工记者"笔下的温州民企 [M]. 北京：中国文联出版社，2001.

[3] 胡宏伟，吴晓波 . 温州悬念 [M]. 杭州：浙江人民出版社，2002.

[4] 廖毅 . 走近南存辉 [M]. 杭州：浙江人民出版社，2003.

[5] 袁亚平 . 世上温州人 [M]. 北京：人民文学出版社，2003.

[6] 郑学益，张春晓，张亚光 . 中国民营企业启示录：正泰经营思想研究 [M]. 北京：北京大学出版社，2005.

[7] 中共乐清市委宣传部，乐清市档案局（馆），乐清市工商行政管理局，等 . 乐清民营经济发展历程录 [M]. 北京：经济日报出版社，2008.

[8] 吴存好 . 乐清之最 [M]. 西安：西安出版社，2013.

[9] 廖毅 . 南存辉讲故事 [M]. 北京：红旗出版社，2014.

[10] 正泰集团文化传播中心，正泰集团党建研究室.功勋：正泰创业三十年人物谱 [M].北京：中华工商联合出版社，2016.

[11] 廖毅.步履正泰：南存辉亲述创业史 [M].北京：红旗出版社，2018.

[12] 温州市档案局.图述温州：千年古城今昔 [M].北京：中国民族摄影艺术出版社，2018.

[13] 柴燕菲.浙江改革开放 40 年口述历史 [M].杭州：浙江科学技术出版社，2018.

[14] 乐清县求精开关厂 [A].乐清：乐清县求精开关厂，CHINT91.0.01-1.

[15] 乐清县求精开关厂 [A].乐清：乐清县求精开关厂，CHINT91.0.01-2.

[16] 正泰集团档案室收藏的图片.

[17] 正泰电气 [J]. 2004（2）.

[18] 正泰 [J]. 2016.

[19] 正泰 [J]. 2016.

[20] 乐清文史 [J]. 2018（17）.

后　记

　　《正泰纪事（1984—1991）》的内容取材，主要来自正泰集团档案室保管的企业相关资料，温州市、乐清市两级地方史志等，同时我们采访了部分求精开关厂时期的当事人和老领导等，检索了温州市档案馆的部分原始档案和温州日报报业集团存档的文章资料等，并适当参考了一些公开或非公开出版的图书等。在此一并表示感谢！

　　因年代相对长远，资料不太全，所看到的一些史料对同一事件的记述也不尽一致，我们这本"纪事"难免会有偏颇之处。本着"聊胜于无""多比少好"的原则，我们整理出版这本书，真诚期待社会各界专家、领导，尤其是老求精人的批评指正！

　　谨以本书献给全体正泰人和所有关心正泰事业的人！

编　者

2020 年 3 月